천부
삼인

천부경의 열쇠를 찾다

천부삼인
천부경의 열쇠를 찾다

초판 1쇄 발행 2024년 7월 22일

지은이 김성규
펴낸이 김성규
펴낸곳 금풍성
출판등록 제2024-000018호

교정 김원영
편집 이현
검수 주경민
마케팅 김윤길, 정은혜

주소 인천광역시 미추홀구 주안로 151-1

ISBN 979-11-988527-0-0(03150)
값 15,000원

- 이 책의 판권은 지은이에게 있습니다.
- 이 책 내용의 전부 또는 일부를 재사용하려면 반드시 지은이의 서면 동의를 받아야 합니다.
- 잘못된 책은 구입하신 곳에서 바꾸어 드립니다.

천부삼인

천부경의 열쇠를 찾다

김성규

금풍성

목차

1. 홍익인간[弘益人間] ··· 6
2. 선사 시대 ··· 19
3. 참성단[塹城壇] ·· 54
4. 천원지방[天圓地方] ·· 64
5. 천부인[天符印] ·· 104
6. 윷놀이 ··· 109
7. 천부경[天符經] ·· 129
8. 천부삼인 첫 번째 열쇠 ··· 147
9. 천부경 첫 번째 잠금 풀이 ······································ 155
10. 천부삼인 두 번째 열쇠 ··· 166
11. 천부경 두 번째 잠금 풀이 ···································· 174
12. 천부삼인 세 번째 열쇠 ··· 185
13. 천부경 세 번째 잠금 풀이 ···································· 188
14. 천부경 추가 잠금 풀이 ··· 194
15. 정리 ··· 200

1
홍익인간[弘益人間]

　널리 인간 세계를 이롭게 한다는 뜻으로《삼국유사》의 단군 신화에 나오는 말입니다.

　우리나라의 정치 및 경제, 사회와 문화의 최고 이념으로, 윤리 의식과 사상적 전통의 바탕을 이루고 있습니다.

　弘 : 넓을 홍
　益 : 더할 익
　人 : 사람 인
　間 : 사이 간

　《삼국유사(三國遺事)》의 〈기이편(紀異篇)〉에 실린 고조선(古朝鮮) 건국 신화에 나오는 말로, '널리 인간세계를 이롭게 한다'는 뜻입니다.

　《삼국유사》에는 다음과 같이 기록되어 있습니다.

　단군왕검이 아사달에 도읍하다.

古朝鮮【王儉朝鮮】
고조선【왕검조선】

魏書云
"乃往二千載 有壇君王儉, 立都阿斯達【経云 無葉山. 亦云 白岳, 在白州地或 云 在開城東 今白岳宮是.】開國號朝鮮 與高同時."

《위서(魏書)》에는

"지금으로부터 2,000년 전에 단군왕검(壇君王儉)이 있어서, 아사달(阿斯達)에 도읍을 세우고 나라를 열어 조선(朝鮮)이라 불렀으니 고(高: 요 임금)와 같은 때였다."라고 하였습니다.

古記云
"昔有桓因【謂帝釋也.】庶子桓雄 數意天下貪求人世. 父知子意 下視三危太伯, 可以弘益人間.
乃授天符印三箇 遣往理之.
雄率徒三千 降於太伯山頂【即太伯今妙香山】神壇樹下, 謂之神市 是謂桓雄天王也.
將風伯・雨師・雲師 而主穀・主命・主病・主刑・主善惡 凡主人間三百六十餘事 在世理化.

《고기(古記)》에는

"옛날에 환인(桓因)의 서자 환웅(桓雄)이 있어서 자주 천하에 뜻을 두어 인간 세상을 구하기를 탐냈다.

아버지가 아들의 뜻을 알고 천부인(天符印) 3개를 주고 가서 그곳을 다스리도록 하였다.

웅은 무리 3,000명을 이끌고 태백산정(太伯山頂)의 신단수(神壇樹) 아래로 내려왔으니, 그곳을 신시(神市)라 부르고 이분을 환웅천왕(桓雄天王)이라고 부른다.

풍백(風伯), 우사(雨師), 운사(雲師)를 거느리고 곡식, 운명, 질병, 형벌, 선악 등을 주관하니 무릇 인간의 360여 일들을 주관하여 세상에 있으며 다스리고 교화하였다.

時有一熊一虎 同穴而居, 常祈于神雄 願化爲人.
時神遺霊艾一炷 蒜二十枚曰 '爾輩食之 不見日光百日 便得人形.'
熊虎得而食之 忌三七日, 熊得女身 虎不能忌 而不得人身.
熊女者 無與爲婚 故每於壇樹下 呪願有孕.
雄乃假化 而婚之孕 生子號曰 壇君王儉.

이때 한 범과 한 곰이 있어서 같은 굴에 살았는데, 항상 신웅(神雄)에게 기도하기를 변화하여 사람이 되기를 바라는 것이었다.

이때 신이 신령한 쑥 한 줌과 마늘 20매를 주면서 '너희가 이것을 먹으면서 백 일 동안 햇빛을 보지 않으면 사람의 모습을 얻을 것이다.'라고 하였다.

곰과 범이 받아서 이를 먹고 삼칠일(三七日: 21일) 동안 삼갔더니 곰은 여자의 몸을 얻었지만 범은 삼가지 못해서 사람의 몸을 얻지 못했다.

웅녀(熊女)는 함께 혼인을 맺지 못하므로 매양 단수(壇樹) 아래에서 아이 가지기를 바라며 빌었다.

웅이 이에 가화(假化)하고 그와 혼인하여 아이를 배니 아들을 낳으므로 단군왕검이라 불렀다.

以唐高即位五十年庚寅【唐堯即位元年 戊辰, 則五十年丁巳 非庚寅也. 疑其未實.】都平壤城【今西京】 始稱朝鮮.
又移都於白岳山阿斯達, 又名弓【一作方】忽山 又今旀達.
御國一千五百年.
周虎王即位己卯 封箕子於朝鮮, 壇君乃移於藏唐京 後還隱於阿斯達爲山神.
壽一千九百八歲.

당고(唐高) 즉위 50년 경인(庚寅)에 평양성(平壤城)에 도읍하여 처음으로 조선(朝鮮)이라 칭했다.

또 도읍을 백악산(白岳山) 아사달(阿斯達)로 옮겼는데, 또는 궁홀산(弓忽山)이나 또는 금미달(今彌達)이라고도 한다.

나라를 다스림이 1,500년이었다.

주(周) 호왕(虎王: 주무왕) 즉위 기묘(己卯)에 기자(箕子)를 조선에 봉하니, 단군은 이에 장당경(藏唐京)으로 옮겼다가 뒤에 돌아와 아사달(阿斯達)에 숨어서 산신(山神)이 되었다.

나이는 1,908세였다고 한다."

이와 같이 단군신화에 나오는 홍익인간의 정신은 바로 우리나라의 정신이었습니다.

이승휴(李承休, 1287년)가 지은 《제왕운기》가 있습니다.

初誰開國啓風雲 /
처음 누가 나라를 열고 풍운을 시작했나?
釋帝之孫名檀君 /
제석(帝釋)의 손자로 이름은 단군(檀君)이라.
本紀曰
"上帝桓因有庶子曰 雄.
云云.
謂曰 '下至三危太白 弘益人間歟.' 故雄受天符印三箇 率鬼三千 而降太白山頂 神檀樹下.
是謂檀雄天王也.
云云.

令孫女飮藥 成人身, 與檀樹神婚 而生男 名檀君.
據朝鮮之域爲王, 故 尸羅・高禮・南北沃沮・東北扶餘・穢與貊 皆檀君之壽也.
理一千三十八年 入阿斯達山爲神, 不死故也."

《본기(本紀)》에는

"상제(上帝) 환인(桓因)에게 서자(庶子)가 있어 웅(雄)이라 하였다.

운운.

이르길 '삼위태백(三危太白)으로 내려가 널리 인간을 이롭게 하겠습니다.'라 하므로, 웅이 천부인(天符印) 3개를 받아 귀(鬼) 3,000명을 이끌고 태백산정(太白山頂) 신단수(神檀樹) 아래에 내려왔다.
이를 단웅천왕(檀雄天王)이라고 부른다.

운운.

손녀에게 약을 마시게 하여 사람의 몸으로 만들고, 단수신(檀樹神)과 더불어 혼인시켜서 남자를 낳으니 이름이 단군이다.

조선(朝鮮)의 영역에 웅거하여 왕이 되었으니, 고로 시라(尸羅), 고례(高禮), 남북옥저(南北沃沮), 동북부여(東北夫餘), 예(濊)와 맥(貊) 모두가 단군의 후손이다.

다스린 것이 1,038년이고 아사달산(阿斯達山)으로 들어가 신(神)이 되니, 죽지 않기 때문이었다."

라고 하였습니다.

//竝與帝高興戊辰 /
고(高: 요임금)와 함께 나란히 무진(戊辰)에 흥하여,

經虞歷夏居中宸 /
우(虞: 순임금)를 지나 하(夏)를 거쳐 대궐에 살다가

於殷虎丁八乙未 /
은(殷) 호정(虎丁: 무정) 8년 을미(乙未)에

入阿斯達山爲神 /
아사달산(阿斯達山)에 들어가 신이 되었네.

亨國一千二十八 /
나라를 향유함이 1,028년인데

無奈變化傳桓因 /
어쩔 수 없이 변화하여 환인(桓因)에 전했으나

却後一百六十四 /
도리어 164년이 지난 뒤에

仁人聊復開君臣 /
어지신 분이 군신(君臣)을 다시 열었도다.

《제왕운기》 하권

권람(權擥, 1461년)의 《응제시주》에는 아래와 같이 실려 있습니다.

始古開闢東夷主自註 昔神人降檀木下 國人立以爲王 因號檀君
時唐堯元年戊辰也 增註
古記云 上帝桓因 有庶子曰雄
意欲下 化人間 受天三印 率徒三千 降於太白山神檀樹下 是爲桓雄
天王也
桓或云檀
山卽今平安道熙川郡妙香山也
將風伯雨師雲師 而主穀主命主病主刑主善惡凡主人間三百六十餘
事 在世理化
時有一熊一虎 同穴而居 常祈于雄願化爲人
雄遺靈艾一炷二十校 曰食之不見日光百日 便得人形 熊虎食之
虎不能忌 而熊忌三七日得女
身無與爲婚 故每於檀樹下呪願有孕
雄乃假化而爲人 孕生子曰檀君
與唐堯同日 以立國號朝鮮
初都平壤後都白岳
聚非西岬河伯之女 生子曰夫婁 是爲東夫餘王
至禹 會諸侯塗山 檀君遣子夫婁
朝焉檀君歷虞夏至商武丁八年乙未 入阿斯達山 化爲神
今黃海道文化縣九月山也
廟至今存焉
亨年千四十八年 厥後一百六十四年 己卯箕子來封

옛날에 신인이 박달나무 아래로 내려오니 나라 사람들이 그를 왕으로 세우고 인하여 그를 단군이라 불렀다.

이때가 당요 원년 무진년이다.

《고기》에 말하기를 상제 환인에게 서자가 있었는데, 웅이라 하였다.

인간세상을 탐내어 인간이 되어 천부인 3개를 받아 무리 3,000명을 거느리고 태백산 신단수 아래로 내려오니 이분이 환웅 천왕이다.

환(桓)은 혹은 단(檀)이라고도 한다.

산은 지금의 평안도 희천군 묘향산이다.

풍백, 우사, 운사를 거느리고 곡식, 명, 병, 질병, 형벌, 선악 등 인간 세상의 360여 가지 일을 주관하게 하여 세상을 다스리도록 하였다.

이때 곰 한 마리와 범 한 마리가 같은 굴속에서 살고 있었는데, 항상 환웅에게 사람이 되기를 기원하였다.

이때 환웅이 신령스러운 쑥 한 다발과 마늘 20개를 주면서 말하기를 "너희는 이것을 먹되 햇빛을 100일 동안 보지 않으면 사람의 형상이 되리라." 하였다.

범과 곰은 그것을 먹고 금기하였는데, 범은 금기를 지키지 못했지만 곰은 금기를 잘 지켜 21일 만에 여자가 되었다.

그러나 혼인할 상대가 없어 매양 신단수 아래에서 잉태하기를 빌었다.

이에 환웅은 잠깐 사람으로 변신하니 웅녀는 잉태하여 아들을 낳았는데 이름이 단군이다.
단군은 당요와 같은 날에 나라를 세우고 나라 이름을 조선이라 불렀다.

처음 도읍지는 평양이었고 뒤의 도읍지는 백악산이었다.

비서갑 하백의 딸에게 장가들어 부루를 낳았는데 이분이 동부여왕이다.

하나라 우왕 때에 이르러 제후들이 도산에 모일 때, 단군은 태자 부루를 보내었다.

단군은 하나라 우 임금을 거쳐 상 무정 8년 을미에 아사달 산에 들어가 신이 되었다.

지금의 황해도 문화현 구월산이다.

사당이 지금도 있다.

나라를 누리고 1,048년이었다. 그 뒤 164년 후에 기자가 와서 분봉받았다.

변계량(卞季良, 1454년)의 《세종실록지리지》 내용

《檀君古記》云:
上帝桓因有庶子, 名雄, 意欲下化人間, 受天三印, 降太白山神檀樹下, 是爲檀雄 天王。
令孫女飮藥成人身, 與檀樹神婚而生男, 名檀君, 立國號曰朝鮮。
朝鮮、尸羅、高禮、南北沃沮、東北扶餘、濊與貊, 皆檀君之理。

《단군고기(檀君古記)》에 이르기를,

"상제(上帝) 환인(桓因)에게 서자(庶子)가 있으니, 이름이 웅(雄)인데, 세상에 내려가서 사람이 되고자 하여 천부인(天符印) 3개를 받아 가지고 태백산(太白山) 신단수(神檀樹) 아래에 강림하였으니, 이가 곧 단웅천왕(檀雄天王)이 되었다.

손녀(孫女)로 하여금 약(藥)을 마시고 인신(人身)이 되게 하여, 단수(檀樹)의 신(神)과 더불어 혼인해서 아들을 낳으니, 그 이름이 단군(檀君)이다.

나라를 세우고 이름을 조선(朝鮮)이라 하니, 조선(朝鮮), 시라(尸羅), 고례(高

禮), 남·북 옥저(南北沃沮), 동·북 부여(東北扶餘), 예(濊)와 맥(貊)이 모두 단군의 다스림이 되었다."

여기서 관심을 가져야 하는 것이 있습니다.

"환웅(桓雄)이 천부인(天符印) 3개를 주고 가서 다스리게 하였다."

단군왕검이 신시에 내려오실 때에 천부삼인을 가지고 오셨습니다.

우리는 그것을 청동거울, 청동방울, 청동검(혹은 자, 척)으로 추정하고 있습니다.

그렇습니다.

후세의 사람들은 그것을 그렇게 추정하고 있습니다.

추정의 근거는 어디에 있을까요?

그 시대가 청동기 시대이니 청동 유물이 아닐까 하는 것이 유일한 추정의 근거입니다.

그렇지만 그 외에는 어디에도 천부삼인의 이야기가 나오지 않습니다.

누가 그것을 계승했는지, 아니면 파괴되어 잃어버렸는지에 대해서 아무 곳에서도 그 근거나 흔적이 알려지지 않고 있습니다.

2
선사 시대

고인돌은 선사 시대 돌무덤의 일종으로 영어로는 돌멘(Dolmen)이라고 합니다.

선사 시대라고 하면 흔히 역사가 기록되기 이전의 시대를 말합니다.

인류가 이 지구상에 등장했던 구석기 시대, 신석기 시대, 청동기 시대를 말합니다.

시기로 말하면 지금부터 500만 년 전부터 수천 년 전까지를 말하고 있습니다.

우리나라 곳곳에는 그들이 살다가 간 흔적들이 여기저기 많은 곳에 남아 있습니다.

고인돌과 각종의 석기들과 암각화 그리고 고대에 살았던 사람들의 뼈인 인골 등이 그 예입니다.

이러한 흔적들로 선사 시대에 우리나라에 살았던 사람들의 당시의 생활상과 그 사람들의 생김새 등을 알 수가 있습니다.

이 땅의 역사가 시작된 시대는 언제였고 어떤 사람들인지 그 유적으로 확인을 할 수가 있습니다.

1978년 당시에 미국의 병사였던 그렉 보웬은 전곡리 한탄강 유역에서 석기 하나를 발견했습니다.

그가 발견한 석기는 유럽과 아프리카 지역에서 주로 발견되었던 아슐리안형 주먹도끼였습니다.

큼직한 돌을 다듬어서 끝을 뾰족하게 만든 타원형 혹은 삼각형 모양으로 전면을 가공하여 마치 두 손바닥을 모은 모습을 한 것이 특징인 주먹도끼입니다.

아슐리안형 주먹도끼는 이전까지 발견된 것에 비해 훨씬 섬세하고 정교한 것이었습니다.

그것은 사냥한 짐승의 뼈나 가죽을 벗기고, 땅속에 박힌 뿌리를 자르는 등 다양하게 사용할 수 있는 도구입니다.

수렵 및 채집 생활을 했던 구석기 사람들에게는 만능인 도구였던 것입니다.

전곡리에서 발견된 아슐리안형 주먹도끼는 동아시아 구석기 문화의 새로운 발견이자 세계를 발칵 뒤집은 사건이기도 했습니다.

당시 세계적인 고고학자였던 모비우스(H. Movius)라는 학자가 주장한 '모비우스 학설'을 뒤엎는 증거가 발견된 것입니다.

그는 아슐리안 주먹도끼를 사용한 서구는 단순한 찍개를 사용한 동아시아보다 인종적으로 더 우월하다는 말을 했습니다.
그 이전까지 동아시아에서는 아슐리안형 뗀석기가 발견되지 않아, 모비우스(Movius) 등으로 대표되는 학자들이 '구석기 문화 이원론'을 주장하던 때였습니다.

이 주장은 '모비우스 라인'이라는 가상의 선으로 아슐리안 석기가 발견되는 지역과 발견되지 않는 지역을 나누어서, 고인류의 문화권을 크게 둘로 나눈 가설적 이론이었습니다.

한동안 인도 동부에서부터 동아시아 극동지역까지 아슐리안 석기가 발견되지 않는다는 점을 들어서, 고인류 중 일부가 아슐리안 석기가 개발되기 전에 동아시아로 진출했고, 개발된 후에 인류가 유럽으로 들어갔다고 추정했습니다.

그 전까지 구석기 시대 유물 발견은 일제 강점기 때 동관진 유적이 최초로 확인된 한반도의 구석기 유적이었습니다.

일제는 조선에는 구석기 시대가 없다는 논리로 일본 학자가 발굴했음에도 동관진 유적을 중요시하지 않았습니다.

이때는 일본 유적도 덴노제 이전이면 무시당하던 시기였기에 더욱 그랬습니다.

사실 한반도에는 중기 구석기의 함북 웅기 굴포리(1960년), 후기 구석기의 공주 석장리(1964년), 전기 구석기 유적인 평남 상원 검은모루 동굴(1966년) 등 곳곳에 전곡리로부터 10여 년 전에 발견된 60, 70년대 구석기 유적이 이미 널려 있습니다.

그런데 전곡리 선사유적지에서 아슐리안식 석기가 발견됨으로써, 이전까지 정설로 인정받던 모비우스 학설이 한순간에 뒤집어져버린 것입니다.

이 일은 세계를 놀라게 했고, 미국 버클리 대학의 아프리카 구석기 권위자인 데즈먼드 클라크 같은 세계적인 학자들까지 한국에 와서 석기들을 감정하고 진품임을 인정했습니다.

좀 더 자세히 설명하면, 아슐리안형 석기보다 이전의 원시적인 석기를 올도완(Oldowan) 석기라고 부르는데 아프리카에서 260만 년 전부터 발견됩니다.

그런데 아프리카로부터 호모 에렉투스가 약 190만 년 전쯤 아프리카를 나와서 아시아 쪽으로 진출했는데, 이때 조악한 올도완 석기 기술을 가지고 나온 것입니다.

그 이후 160만 년 전쯤 아프리카에 남아 있던 고인류가 보다 발전된 방식의 석기를 만드는데 이를 아슐리안형 석기라고 부릅니다.

따라서 중국 및 인도네시아의 오래된 호모 에렉투스 유적에서는 당연히 올도완 석기만이 발견됩니다.

위에 나온 모비우스 라인은 이런 증거를 잘 설명하는 이론이라 오랫동안 고인류학자들은 정설로 받아들였습니다.

아슐리안 석기는 아프리카에서 가장 많이 발견되기 때문입니다.

이러한 상황에서 1978년 전곡리에서 아슐리안 석기와 상당히 닮은 주먹도끼가 발견되어서 학계의 논란이 된 것입니다.

그리고 이를 계기로 연이어서 중국과 유럽에서도 아슐리안형 석기가 발견되면서 모비우스 학설은 파기되었습니다.

우리나라의 대표적인 유적으로는 평양시 상원군에 있는 검은모루라는 곳이 있습니다.

검은모루라는 지명은 검은색 모퉁이라는 뜻을 가지고 있습니다.

그곳에서는 29점의 동물뼈가 발견되었습니다.

그리고 작은 석기들이 발견되었습니다.

초기에는 돌의 끝부분을 떼어내 하나의 석기에서 하나의 석기를 만들어 냈지만 후에 갈수록 깨어진 작은 조각들로 석기를 만들기도 했습니다.

이곳이 우리나라 최초의 구석기 유적입니다.

이미 100만 년 전에 한반도에서 사람이 살고 있었음을 증명하고 있습니다.

79년 평양시 승호구역 만달동굴에서는 동물 뼈와 함께 인골이 발견되었습니다.

지금 북한 학계에서는 이 인골의 주인공이 우리나라의 직접적인 조상이라고 주장하고 있습니다.

그처럼 우리나라는 구석기 시대부터 사람들이 살아왔다는 증거들이 여기저기서 나오고 있습니다.

구석기나 신석기 시대에는 이동과 채집이 주를 이루었다고 추측하고 있습니다.

청동기 시대에 와서야 비로소 한곳에 정착하여 농사를 시작했다고 생각하고 있었습니다.

그러나, 1991년 경기도 고양시 대화동(대화4리 가와지 마을) 일대로 무려 5,020년 된 '볍씨'가 발견됐습니다.

볍씨는 한반도 최초 농사의 기원을 밝혀내는 단서이기도 했습니다.

당시에 손보기 교수가 이끌었던 일산 신도시 조사단과 이융조 교수가 주축이 된 충북대 조사팀, 공주 석장리 유적 발굴 경험이 있었던 김기용 대원 등이 참여한 발굴단은 '일산 신도시 건립계획'에 따라 일산 내 4개의 지역으로 구획을 나누고 각각의 발굴 조사에 나섰습니다.

1991년 5월부터 실시된 발굴 조사에서 1지구의 토탄층 조사를 맡아오던 충북대 조사팀은 가래나무 안에서 11개의 볍씨를 발굴하는 데 성공했습니다.

출토 지점에서 발견된 볍씨 11톨은 연대 확인을 위해 곧장 미국의 베타연구소로 보내졌고 연대 측정 결과 5,020년 전 볍씨라는 사실이 밝혀졌습니다.

당시 발굴한 볍씨에 가와지볍씨라는 명칭을 붙였고, 이 볍씨는 한반도 최초의 가장 오래된 재배 볍씨로 알려지게 됐습니다.

가와지볍씨의 발굴 이전까지는 1976년 여주 흔암리에서 발견된 탄화미가 농사의 기원으로 여겨졌습니다.

탄화미 출토 이후에도 김포 가현리와 하남 미사리, 충주, 단양 등 한강 유역을 따라 한반도 곳곳에서 볍씨가 발견되기도 했습니다.

대부분 야생벼 또는 순화벼로 추정되는 다른 지역의 볍씨들과 달리 고양에서 발견된 가와지볍씨는 재배벼라는 연구결과를 발표했습니다.

가와지볍씨가 재배벼라는 단서는 '소지경'에서 발견할 수 있었습니다.

소지경은 벼의 줄기 부분과 낟알을 연결하는 꼭지를 나타내며 자연 탈립인지, 인위적인 채취가 있었는지를 판단하는 근거가 됩니다.

가와지볍씨의 소지경 단면을 들여다본 결과 인위적으로 떼어낸 흔적을 발견할 수 있었습니다.

야생벼에서는 소지경의 부분이 자연적으로 탈립하게 되면서 매우 매끄러운 상태지만 재배벼의 경우 거친 단면의 특징을 보인다고 합니다.

가와지볍씨가 재배벼라는 사실이 명확해지면서 한반도 농사의 기원은 청동기가 아닌 2,000년이나 앞선 신석기 시대부터 이뤄져 왔을 것으로 기록되고 있습니다.

가와지볍씨의 발견은 벼의 전파 경로가 일본으로부터 유입됐다는 학설을 뒤엎게 되는 데 결정적인 역할을 했습니다.

벼가 한반도로 유입된 경로는 열대 또는 아열대인 인도의 아삼, 미얀마 북부, 타이북부, 중국 남서부를 잇는 긴 지대로부터 전파된 것으로 현재까지 알려졌습니다.

중국 학자들의 연구 결과에 따라 양쯔강 중류에서 기원해 하류 방향으로 전파했다는 학설이 등장하기도 했습니다.

또, 청주 소로리 지역에서는 세계에서 가장 오래된 볍씨가 발견되면서 중국 남부 대륙에서 해안을 따라 북진하다 금강을 거쳐 한반도에 유입됐다는 주장도 제기되고 있었습니다.

1만 5,000년 전의 것으로 추정되는 청주 소로리 볍씨는 가와지볍씨의 조상격에 해당하는 순화벼로 일본보다 훨씬 이른 시기에 출현, 적어도 벼가 한반도에 먼저 서식했다는 사실을 입증했습니다.

이는 북부 서해안 지역일수록 오래된 쌀이 자리했고 쌀이 북방으로부터 전해진 작물이라는 사실을 반증하는 결과였습니다.

지금까지 밝혀진 가장 오래된 볍씨는 중국 화북지방으로 1만 500년 전으로 기록돼 왔는데, 그보다 3,000여 년이나 앞선 소로리 볍씨가 발견됨으로써 전 세계의 주목을 받게 되었습니다.

1997년~1998년 발굴 작업을 벌여 출토된 볍씨는 바로 서울대학교 AMS(방사선 탄소 연대 측정) 연구실과 미국의 지오크론(Geochron Lab.)

연구실로 보내졌고 1만 3,000년~1만 5,000년 전의 절대 연대 값을 얻어 '소로리 볍씨'가 세계에서 가장 오래된 볍씨임이 판명됐습니다.

2003년 10월 22일, 영국 BBC 방송은 '세계에서 가장 오래된 볍씨가 소로리 유적에서 과학자들에 의해 발견되었다'라는 타이틀로 보도하기도 했습니다.

고양 가와지볍씨의 평균 길이는 7.03mm이고 평균 너비는 2.78mm이며, 장폭비는 2.53mm로 오늘날 단립벼(japonica)와 유사하지만 약간 가늘고 길다고 합니다.

출토 지역은 현재의 고양시 일산서구 대화동 2199-1 일대입니다.

신석기 시대 가와지유적 출토 유물로는 대화리 전역 수천 점의 볍씨가 있고, 구석기 시대의 뗀석기가 주먹도끼, 찌르개 등 550여 점이, 신석기 시대의 빗살무늬토기 7개체분이 출토되었으며, 청동기 시대와 철기 시대의 겹입술토기 및 석기가 출토되었습니다.
꽃가루류 출토(9목11과12속 1,228개) 숯과 다양한 농경 문화 유적도 출토되었습니다.

우리 조상들의 생활상을 좀 더 자세히 들여다보면 그들의 생활은 우리의 상상을 뛰어넘습니다.
암각화란 바위, 단애, 동굴의 벽면 등에 깎아서 새겨 놓은 그림을 말합니다.

주로 신석기 시대부터 청동기 시대에 만들어졌습니다.

그런데, 이 그림들은 현대의 사람들이 그냥 봐서는 무엇을 그렸는지 알아보기가 힘듭니다.

우리나라에서 발견된 대부분의 암각화는 추상적이고도 기하학적인 그림들입니다.

그런데, 이런 그림과는 달리 사실적인 그림들이 그려진 암각화가 하나 있습니다.

바로 울산에 있는 반구대 암각화입니다.

반구대 암각화는 울산광역시 울주군 언양읍을 지나는 태화강의 지류 대곡천의 암벽에 새겨진 암각화입니다.

제작 시기는 신석기 시대 후기에서 청동기 시대 초기로 추정되고 있습니다.

기암절벽과 어우러져 경관이 빼어난 곳에 있습니다.
병풍처럼 넓게 펼쳐져 있는 절벽 중에서 평평한 부분에 그려져 있습니다.

가까이에서 보면 수천 년이 지났다고 믿기 어려울 정도로 선명하게 남겨져 있는 편입니다.

반구대 암각화가 발견된 대곡천 자락에는 이외에도 암각화가 여럿 발굴되었는데, 인근에 위치한 울주 천전리 각석도 그중 하나로, 천전리 각석에서는 선사 시대의 그림과 함께 약 1,500년 전 역사 시대 인물의 기록도 발견되어 주목을 끌고 있습니다.

현재 학계에서는 천전리 각석과 반구대 암각화를 한데 묶어 울주 대곡천 암각화군이라는 이름으로 취급하고 있습니다.

사연댐 건립 과정에서 해당 지역에 대한 매장문화재 전수조사가 따로 없었기 때문에 만약 사연댐이 철거되어 수몰지역에 대한 전수 발굴조사가 이뤄진다면 이 외에도 다른 암각화들이 많이 발견될지도 모릅니다.
암각화의 내용은 수렵 생활과 관련된 내용을 담고 있습니다.

그림은 크게 바다동물과 육지동물로 나누어져 있습니다.

육지동물 중에는 표범도 있고, 떼 지어 가고 있는 사슴도 보이고, 소나 호랑이 등의 모습도 보입니다.
바다동물의 모습도 생동감이 있습니다.

요동치듯이 몸을 꿈틀거리는 상어도 보이고, 작은 물고기도 보이고, 물고기를 물고 가는 물개의 모습도 보입니다.

그렇지만 다른 동물들은 소수이고, 바다동물의 대다수는 고래가 그려져 있습니다.

반구대 68점의 바다동물 중 43점이 고래입니다.
특히, 주목할 점은 고래마다 각각의 모양이 조금씩 다르다는 겁니다.

원시적 벽화임에도 고래에 대한 묘사가 매우 세밀한 편인데, 물을 뿜고 있는 긴수염고래와 몸체에 여러 개의 선을 그어놓은 흰긴수염고래, 종류별로 새끼를 등에 올려놓은 고래(귀신고래), 앞뒤의 색이 다른 고래(범고래), 향유고래 등이 그려져 있습니다.

암각화에는 고래의 습성도 표현되어 있습니다.

귀신고래 새끼는 물속에서 숨을 오래 참지 못하기에 어미가 새끼를 등에 올려놓고 있는데, 그것을 그림으로 표현한 것입니다.

고래는 얕은 돌틈이나 해조류 사이를 헤엄치기를 좋아하는 특성을 가지고 있는데, 그런 것을 표현한 해초 사이에서 노는 고래도 그려져 있습니다.

또, 고래 사냥에 대한 내용으로 부구(에스키모들이 지금도 고래를 잡는 도구), 미끼, 그물, 작살을 맞은 고래, 그 고래를 잡기 위해 해양으로 나가는 배 등이 그려져 있는데, 10명 이상이 긴 나무배에 타 고래에게 작살을 던지고 잡은 고래를 끌고 가서 살을 발라내는 일을 하는 내용이 아주 자세히 묘사되었습니다.

그래서 학계에서는 이 암각화가 문자가 없었던 석기~청동기 시대에 다른 사람들에게 포경 교육을 목적으로 그려진 것이라고 추정하고 있기도 합니다.

그림들을 잘 살펴보면 선만 새긴 것과 면을 채워 새긴 것들로 나눌 수 있는데, 이 둘이 겹쳐진 부분에서 면을 채운 것이 더 깊게 파였기 때문에 이것들이 더 먼저 그려졌다고 추정하고 있습니다.

면을 채운 것들은 대부분 고래 잡는 내용이고 선만 새긴 것들은 육지동물과 관련된 내용이 대부분인데, 이를 통해 학자들은 이 지역이 예전에는 고래가 진입할 수 있는 해안 지대였으나 훗날 지형이 바뀌어 내륙 지대가 되었고 여태껏 고래를 잡던 사람들은 가축을 기르게 되었다는 설도 있습니다.

반구대 암각화가 있던 곳까지가 바다였다고 하기에는 좀 어려운 것이, 만약 그게 사실이라면 한반도 내륙 깊숙한 곳곳에서 당대 바다의 흔적이 발견되어야 한다고 말하고 있습니다.

그리고 만약 그때 이 지역이 바다였다면 태화강 상류를 따라 선을 긋고 낙동강 하류에서 북동쪽 양산단층을 따라 선을 그었을 때 두 선이 만나며 가르는 한반도 남동쪽 지형이 섬이었다는 말이 됩니다.

반구대 암각화가 있는 곳의 해발고도가 그 서쪽의 양산단층 평지보다 높기 때문입니다.

그보다는 기후 변화 등으로 고래가 잘 안 잡히자 육상생물 사냥으로 생계방향을 틀었다고 보는 게 우선된 의견입니다.

이 암각화에는 사람도 그려져 있는데, 깃털 등을 온몸에 장식하고 굿을 하는 사람과 그 곁에서 기도를 하는 사람들의 모습이 그려져 있습니다.

여기 그려진 남자들은 성기가 크게 묘사돼 있는데 자손 번성을 기원하기 위해서 그린 것으로 추정됩니다.

신석기-청동기 시대의 벽화 가운데 상태가 좋은 것으로, 몇 안 되는 한국의 포경 생활사의 시초를 담고 있다고 평가받고 있습니다.

사실 특이하다면 특이하다고 할 수 있는 것이, 한국은 삼면이 바다로 둘러싸여 있고 가끔 고래들이 지나다니는 곳 근처에 있는 나라임에도 포경의 역사가 짧고 기록도 거의 없기 때문입니다.

그 점에서 선사 시대의 문화와 포경 역사를 모두 담고 있는 반구대 암각화는 꽤 높이 평가받고 있습니다.

또한 세계사적으로도 의미가 있는데 이 암각화가 원시 포경의 모습이 그려진 최초의 기록 중 하나이기 때문입니다.

한국의 윷판 암각화는 전국에 85개 유적이 있다고 알려져 있습니다.

윷판 암각화는 북극성, 북두칠성의 운행과 그 변화를 읽어내려는 의지가 반영된 작품으로 이해되고 있으며 세계 문화사에서도 별자리를 관측하여 그 변화상을 도형화한 것으로 해석되는 사례는 윷판 암각화가 거의 유일하다고 합니다.

임실 상가윷판유적은 단일 바위에 가장 많은 윷판 그림을 새긴 국내 최대 유적지로 평가받았습니다.

윷판은 39점으로 판명되었고 고누판 1점과 80여 점의 바위 구멍 및 삼우정(三友亭) 암각명문이 확인됐습니다.

전북 임실군 신평면 가덕리 상가마을 뒷산에서 수많은 성혈과 많은 윷놀이판이 발견되었습니다.

마을에서 동쪽으로 작은 길을 따라 올라가면 저수지가 있고 저수지 옆에 돋보이는 바위 위에 그려진 15개가 넘는 윷판과 수개의 성혈은 고대 역사문화의 근거를 제시하고 있습니다.

달성군 다사읍 죽곡리 산33번지(죽곡산) 일대에 여러 개의 윷판 암각화가 있습니다.

윷판과 모양이 같으며 크기는 대략 1자쯤 됩니다.

경북 상주 낙동강변에 윷판은 4개 바위에 새겨져 있으며 형태는 지름이 26~46cm입니다.

윷 말판과 완전하게 일치하는 3개와 유사한 형태 3개가 확인됐습니다.

고인돌은 대표적인 거석 기념물의 하나이며 피라미드(Pyramid), 오벨리스트(Obelisk) 등 이집트나 아프리카 대륙의 각종 석조물과 영국의 스톤헨지, 프랑스 카르낙의 열석 등이 모두 거석문화의 산물입니다.

고인돌은 '무덤'보다 '거석 구조물'이란 인상이 더 강하지만 밑에는 실제로 무덤이 있습니다.

대개 땅을 파서 돌널무덤 형식으로 방을 만들어 사람을 매장하고 위에 굄돌과 고인돌을 쌓습니다.

다만 전부 무덤방이 있는 것은 아니며 묘표석, 제단 등 종교적인 용도로 만든 고인돌도 있습니다.
청동기 문화의 발전과 함께 족장이 지배하는 사회가 출현했습니다.

이들 중에서 강한 족장은 주변의 여러 족장 사회를 통합하면서 점차 권력을 강화해갔습니다.

족장 사회에서 가장 먼저 국가로 발전한 것은 고조선이었습니다.

《삼국유사》의 기록에 따르면 고조선은 단군왕검(B.C. 2333)이 건설하였습니다.

단군왕검은 당시 지배자의 칭호였습니다.

단군(檀君)에 관하여는 최남선(崔南善)의 〈불함문화론(不咸文化論)〉이 있습니다.

멀리 파밀고원과 연결되는 천산산맥(天山山脈), 알타이산맥, 사얀산맥, 야브로노이산맥과 남쪽으로 흥여산맥, 태행산맥 이동의 조선(朝鮮), 일본(日本), 유구(琉球)를 포함하는 일선(一線)에는 붉 중심(中心)의 신앙(信仰)과 사회조직(社會組織)을 갖는 민족이 분포하고 있는데 그 종족적(種族的) 관계는 여하간에 문화적으로는 일련의 관련이 있다고 보는 관점에서 출발한다고 하고 있습니다.

그리하여 백산(白山)이 그 중신이고 이 문화가 구체적으로 우리 역사에서 나타난 실체가 단군(檀君)과 부루(夫婁)라고 논증하고 있습니다.

현재 중국 길림성 집안현 여산에는 각저총으로 불리는 고구려 고분이 있습니다.

축조 시기는 대략 5세기 말엽 정도로 추정하고 있습니다.

각저총으로 부르는 것은 각저총의 널방 오른쪽에 씨름하는 그림이 그려져 있기 때문입니다.

특히, 이 씨름 그림에는 단군신화의 흔적이 남아 있어서 일찍부터 많은 주목을 받았습니다.

이 씨름 그림 속 나무에는 동물이 그려져 있습니다.

이 커다란 나무의 여러 갈래로 갈라진 나뭇가지 여기저기에 검은색으로 표현된 새 4마리가 앉아 목을 길게 빼고 지저귀는 듯한 모습은 건조한 나무 표현과는 달리 생동감 넘치는 분위기를 연출하고 있습니다.

그리고 그 아래 나무 둥지 좌우에는 두 마리 동물이 서로 등 돌리고 서 있는 듯한 모습인데, 자세히 살펴보면 나무 왼쪽의 동물은 호랑이 형상이고, 오른쪽은 곰의 형상입니다.

이것은 단군신화의 곰과 범 그리고 신단수를 떠올리게 합니다.

고조선은 기원전 1세기에 멸망한 것으로 추측하고 있지만 600년 후인 고구려 고분 벽화에 그 흔적이 남아 있는 것입니다.

고인돌은 우리나라에서는 청동기 시대에 많이 만들어졌고, 옛 학설에서는 고조선의 영역을 추정하는 지표 유물로도 생각했고, 아직도

교과서에는 그런 암시가 나오지만 최신 학계에선 고조선과 좀 다른 문화에서 만든 것으로 보는 추세이기도 합니다.

전 세계 고인돌 약 6만 기 중 3만 기 정도가 한반도에 있다고 합니다.

그래서 어떤 동네에서는 집을 지으려고 보니까 무지막지한 돌덩이가 막았고 치우기도 너무 커서 그냥 안에 두고 지었는데 알고 보니 고인돌이더라 하는 집도 더러 있었습니다.

남한의 고인돌은 대부분 전라남도 지방에 집중되어 있었습니다.

지역별로 보자면 강원 338기, 경기도 502기, 충북 189기, 충남 478기, 전북 1,597기, 전남 1만 9,068기, 경북 2,800기, 경남 1,238기, 제주 140기로 거의 대부분의 고인돌은 전남에 집중되었습니다.

경상도에서는 많은 고인돌을 여러 가지 이유로 훼손하여 사라졌다고 말하며, 과거에는 전라도보다 많았다고 이야기하시는 분들도 계십니다.

최근 강원특별자치도 춘천시 중도에서 대규모 유적지가 발굴되어 여기에 101기가 더 추가되었습니다.
여기에 북한이 주장하는 고인돌 수를 합하여 3만여 기라고 하고 있습니다.

서울에서도 고인돌이 꽤 있었다고 합니다.

하지만 도시 개발을 급속히 진행하는 과정에서 거의 멸실되었다고 합니다.

정릉동, 개포동(4기), 개포동 대모산, 우면동, 양재동(6기), 원지동(16기), 고척동 등지에서 존재하였으며, 그중 원지동 고인돌은 1984년에 16기가 관련 유물과 함께 발견되었으나 보호 시설물과 안내판 설치, 문화재 지정 등 아무런 보호 조치를 취하지 않았기 때문에 지금은 대부분 사라졌다고 합니다.

서울 말고도 적극적으로 보호를 하지 않는 이상 멸실되는 경우가 많습니다.

농경지에 위치했다면 경작에 방해가 되기 때문에 구석으로 치워버리거나 조경용으로 판매해 버리는 경우도 있었습니다.

크기가 크다 보니 꽤 비싼 값에 사간다고 합니다.

또한 잘 다듬은 돌은 집 지을 때 주춧돌 등 석재로서도 가치가 있기 때문에 역사 시대에 석재로 많이 쓰였고, 비교적 근래까지도 고인돌을 깨부수어 채석장으로 보낸다든지 하는 식으로 고인돌 유적 귀한 줄 모르고 이런 식으로 재활용되는 경우가 많았습니다.

과거 동아시아에는 석붕(石棚) 또는 대석개묘(大石蓋墓)라 부르며 관심의 대상이었습니다.

하지만 실증주의적 고고학이 대두하기 전까지는 흥미의 대상이었을 뿐 체계적인 연구가 이루어지지 못했습니다.

물론 돌 밑을 캐면 사람 뼈와 함께 경우에 따라서는 청동검, 석검, 거울, 토기와 같은 골동품이 나왔기 때문에 대충 옛날 사람들 무덤이라고 여겼기는 했지만 기록이 없던 시대이다 보니 그 이상으로 나아가지는 못했던 것 같습니다.

거기에 더해 연대 자체가 오래된 점, 탁자식 고인돌의 경우, 매장부가 지상으로 드러나 도굴이나 유실의 위험이 큰 점 등 여러 이유로 유물 등이 잔류하는 경우가 적기 때문에 연구하기에 아쉬운 점이 많습니다.

다만, 무덤의 수효 자체가 많아 자잘한 발굴은 계속되는 중이며 당대의 사실에 대해서 어느 정도 추론할 정도가 되었습니다.

현재 세계에서 가장 큰 고인돌은 경남 김해시 구산동 고인돌이며, 그 무게가 무려 350톤이나 됩니다.

모아이 석상이 3~10톤, 피라미드 돌 하나가 2.5~10톤, 스톤헨지 5~50톤이므로 350톤이면 어마어마하게 무겁다고 할 수 있습니다.

이 고인돌은 지자체 예산이 없어 땅에 묻힌 채로 방치되었는데, 이렇게 무거운 고인돌의 덮개를 그냥 대충 들어 올리는 것도 아니고 유적의 손상 없이 안전하게 들어 올리는 일은 생각보다 돈이 많이 드는 작업이기 때문입니다.

그런데 2022년 7월 김해시청 가야사 복원과가 굴착기 3대를 동원하여 구산동 고인돌을 모조리 훼손하였습니다.

전문가 입회 없이 비전문가 공무원이 비전문가 토목업체와 협업하여 이루어낸 참사라고 알려져 있습니다.

박석과 기단을 전부 뽑아내서 고압세척으로 훼손한 후 대충 보기 좋게 가지런히 박아넣어 원형을 알 수 없게 만들었으며, 그 아래에 묻혀 있는 청동기 시대 집터를 비롯한 생활유적들은 그대로 갈아엎어버려 모조리 바스러진 것으로 추정됩니다.

청동기 시대 유적지를 하루아침에 아무 쓸모 없는 거대한 돌덩이로 만들어버린 셈입니다.

2020년 5월 청주시 월오동에서 다량의 청동기 시대 문화유적이 출토됐습니다.

탁자식과 기반식의 고인돌 형태가 모두 발견된 이른바 '고인돌 백화점'으로 불리며 역사적 가치도 높이 평가받고 있습니다.

두물머리 고인돌이 있습니다.

두물머리 고인돌 덮개돌 윗면에는 바위구멍이 관찰되는데 지금 10cm 정도 되는 것이 7개이고 2~6cm 정도 크기의 것이 15개가 있습니다.

덮개돌에 새겨진 바위구멍에 대한 해석은 다양하지만 북두칠성을 의미하는 성혈이라는 견해가 가장 설득력이 있습니다.

경기도 연천군 중면 민통선 지역에서 원형이 고스란히 보존된 2,500년~2,700년 전 이상 된 청동기 시대 무덤인 고인돌이 무더기로 발견됐습니다.

특히 민간인의 출입이 금지된 이곳에서는 완벽하게 보존된 남방식 고인돌인 '무지석 지석묘(돌기둥이 없고 바닥에 작은 돌을 깐 고인돌)'가 국내 처음으로 잇따라 확인됐습니다.

이와 함께 고인돌보다 드물게 발견되는 거대한 자연석으로 만든 '선돌'과 곡식을 가는 데 사용한 현무암 '연석', 돌을 부숴 만든 '석검' 등 청동기 시대 유물도 함께 나와 고고학계의 비상한 관심이 쏠리고 있습니다.

연천군 중면 마거리 민통선 내 진명산 까마봉 정상 부근인 해발 266m 산비탈에는 원형이 그대로 보존된 무지석 지석묘 1개가 있습니다.

가로 3m, 세로 2m, 두께 70cm~1m 크기입니다.

운모편마암으로 만들어진 이 고인돌은 같은 재질의 커다란 바위 위에 잔돌을 깔고 놓여 있습니다.

주변엔 수풀이 우거진 상태였습니다.

이곳은 휴전선과 불과 5km 거리입니다.
이곳과 500m 거리에는 7개의 무지석 지석묘가 일렬로 늘어선 채 반쯤 땅에 묻혀 있는 '열석' 방식으로 조성된 고인돌이 보입니다.

형태로 볼 때 2,500여 년 전인 기원전 4~5세기 청동기 시대 족장의 무덤으로 추정됩니다.

이곳에서 300여 m 거리의 콩밭 옆에도 비슷한 크기의 무지석 지석묘가 있습니다.

지석묘 상석 바깥쪽에는 직경 3~4cm, 깊이 2~5cm 크기의 구멍인 '성혈' 5개가 나란히 파여 있습니다.
이 고인돌 옆에는 자연석으로 된 어른 키 높이 정도인 가로 1m, 세로 2m 크기의 선돌이 세워져 있습니다.

특히 고인돌 옆 운무편마암 절벽에서는 7개의 구멍을 일렬로 뚫어 놓은 성혈도 발견됐습니다.

이는 북두칠성을 의미하는 것으로 보입니다.

이병렬 박사는 "고인돌은 단순한 무덤이 아니라 천문학의 보물이다. 고인돌 덮개돌에 새겨진 구멍의 배열이 별자리와 거의 일치할 뿐만 아니라 별의 밝기에 따라 구멍을 크거나 작게 파 놓았다. 특히 고창 고인돌군은 각각의 고인돌이 별자리 모양과 태양 등에 연관되어 배치됐다."라고 주장했습니다.

이런 사실은 세계 최대 고인돌 유적지이자 한반도 수도로 일컬어지는 전북 고창의 고창문화연구회를 중심으로 한 연구에서 제기돼 학계가 주목하고 있습니다.

"남한에서 고인돌의 덮개돌 구멍을 별자리로 추정한 것은 충북 청원 아득이 고인돌이 최초다. 또한 민속학 분야에서도 덮개돌 구멍을 일종의 선사 시대 언어로 천문, 경천, 수호 및 천향 사상으로 보는 연구도 진행되고 있다. 하지만 이는 전통 고고학이 아닌 천문학과 민속학에서 주장하고 있는 실정이다."

또한, 이번 연구를 주도한 이 박사는 "고창학 연구자로서 세계 최고 밀집도와 분포를 이루고 있는 고창 고인돌에 관심을 가지는 것은 당연했다."며, "그동안의 고인돌 연구는 고고학 중심으로 이루어지다 보니 '고인돌은 무덤이다'라는 틀에서 크게 벗어나지 못하고 있어 일반인들도 접근이 어렵고 흥미도 없다."고 말했습니다.

하지만 고인돌의 덮개돌 구멍을 일찍부터 별자리로 해석한 북한 고고학계의 연구는 남한보다 압도적으로 빠르고 많습니다.

남한 학계는 이제 겨우 고인돌의 덮개돌 구멍을 별자리로 연관 지어 연구하고 있는데 그것도 고고학계가 아닌 다른 학문에서 겨우 접근하는 정도입니다.

고대 우리 조상은 별자리를 무덤 등에 기록하며 후세에 자랑할 만한 천문학 유산들을 남겼습니다.
가장 오래된 기록으론 단연 '고인돌'을 꼽을 수 있습니다.

청동기 시대 무덤인 고인돌의 덮개에선 별자리 모양의 구멍을 심심찮게 찾을 수 있습니다.

우리나라에는 세계에서 가장 많은 고인돌이 남아 있는데 이들 고인돌 덮개돌에 그려진 별자리는 북두칠성과 남두육성, 묘수, 북쪽왕관자리 등입니다.

농경을 시작한 우리 선조들이 해와 달의 움직임을 파악하기 위해 하늘을 연구했고 그 결과를 삶의 일부에 별자리로 남겼음을 짐작할 수 있습니다.

세계문화유산인 고구려 고분벽화에서도 우리 조상의 천문학 실력은 여지없이 나타납니다.

고구려 고분들엔 별자리를 상징하는 동물의 그림뿐만 아니라 동양의 대표 별자리인 28수 별자리 전체를 그린 천문도가 남아 있기도 합니다.

또 신라는 세계에서 현존하는 가장 오래된 천문관측대인 첨성대와 6~7세기 무렵의 것으로 추정되는 해시계 파편을 남겼습니다.

이 시기 우리의 천문 실력은 《삼국사기》와 《삼국유사》 등 역사서에서도 알 수 있는데 일식, 행성의 움직임, 혜성의 출현, 유성과 유성우. 오로라 등 240여 건의 천문 기록이 남아 있습니다.

부안로인 국도 23호 도로변의 상서면 감교리 개암사 입구 민묘군에는 십여 개의 널브러져 있는 바위들이 있습니다.
관심을 갖지 않으면 아무도 모를 것 같은 선사인들의 흔적이자 기록인 고인돌입니다.

이곳 고인돌의 배치는 태양의 황도를 따라 15°씩 24등분 한 24절기 중 춘분, 하지, 추분, 동지의 일출과 일몰 지점을 중심한 절기와 특정 별자리들을 향하거나 지상에 새겨 놓는 특징이 있습니다.

고인돌 방향성의 기준은 태양이 지평선에서 떠오르고 지는 지점이고, 고인돌 덮개돌의 장축이나 대각선 또는 굄돌의 통로가 향하는 곳입니다.

이러한 태양이나 별의 관측 방식은 고대 메소포타미아나 중남미의 마야 문명 및 잉카 문명 등에서도 동일하게 활용되었습니다.

부안 감교리의 고인돌은 별자리와 관련된 진북방향과 하지의 별자리 및 금성의 일몰 방향으로 배치되었습니다.

그리고 태양과 관련된 춘분·하지·추분·동지의 일출 방향으로 고인돌들을 의도적으로 설치하였습니다.

감교리 고인돌군에서 특이하게 4기의 고인돌이 일렬로 놓인 것이 있습니다.

이 고인돌들을 일렬로 배치한 것은 의도적인 선사인들의 행위이고, 일렬로 나열된 고인돌들의 방위각은 북쪽으로 약 8° 전후로 측정되었습니다.

이 방위의 밤하늘에는 북극성이 자리하고 있고 이를 진북이라 부릅니다.

한민족은 북극성과 같은 별들을 믿고 받들었으며, 하늘의 별이 탄생과 죽음, 수명과 길흉을 관장한다고 여겼습니다.

해와 달과 별을 일월성신이라 하였으며, 이를 성수신앙이라 했습니다.

북극성은 바로 모든 성수신앙의 중심된 별이었고, 고인돌이 북극성을 바라보도록 진북으로 배치한 것은 성수신앙을 표현한 흔적이었습니다.

또 다른 별자리 신앙의 흔적은 고인돌 덮개돌의 장축이 220°를 향하게 배치한 고인돌입니다.

이 고인돌은 감교리 고인돌군에서 남쪽 끝자리에 덮개돌이 사각형의 마름모꼴 형태를 띠고 있습니다.

마름모꼴의 장축이 220°를 향하도록 배치한 패턴은 고창지역의 단독형 고인돌에서도 자주 보입니다.

특히 이 방향으로 배치된 고인돌의 덮개돌에는 남두육성 별자리를 중심으로 하는 궁수자리와 전갈자리가 중심에 새겨져 있습니다.

물론 인근의 하서 구암리 고인돌군에서도 보이나 별자리로 추정되는 바위 구멍은 새겨져 있지 않았습니다.

220° 방위의 밤 9시경이면 지표면에서 봄철과 여름철의 별들이 인근의 산 정상을 따라 서서히 떠오릅니다.

그리고 이 방위에서 일몰 직후부터 비너스라 불리는 개밥바라기별인 금성이 3시간 동안 반짝반짝 빛나는 것도 관찰할 수 있는 방위입니다.

즉 220° 방위는 남서향으로 여름철 별자리와 일몰 후 금성을 관찰하면서 그해 농사의 풍년과 흉년을 점쳐보는 점성대로서의 기능을 가지고 있었을 것입니다.

경남 비봉리패총에는 세계 최초의 배 유적이 있습니다.

이 유적은 2004년에 양배수장부지 신축공사 시행 중 저습지에서 패각층과 함께 빗살무늬 토기, 무문 토기, 각종 유기물 등이 출토되면서 알려졌습니다.

2007년에 국가지정문화재 사적 제486호로 지정되었습니다.

창녕 비봉리 패총은 선사 시대에 인류가 버린 조개껍데기와 생활 쓰레기가 쌓여 만들어진 유적입니다.

비봉리 패총은 내륙 지방에서 처음 발견된 신석기 시대 유적으로 기원전 7,700년 무렵부터 청동기 시대까지 오랜 기간에 걸쳐 만들어졌습니다.

현재 이 패총은 신석기 시대의 표준 연대 자료로 활용되고 있습니다.

비봉리 패총에서는 빗살무늬 토기와 함께 우리나라에서 가장 오래된 나무 배, 편물 기술을 보여주는 망태기, 동물 배설물이 화석처럼 굳은 분석, 대규모 도토리 저장 시설 등이 확인되어 당시의 식생활을 연구하는 데 중요한 자료로 평가됩니다.

또한 저습지에서 발견된 동식물 자료를 보면 신석기 시대에는 낙동강 중류까지 바닷물이 들어왔음을 알 수 있습니다.

2005년 6월 24일, 창녕 부곡에서 오후 3시, 한 연구원의 손에 의해서 발견된 것이 있습니다.

우리나라 최초이자 가장 오래된 배의 발견으로 한국 역사의 한 획을 긋는 순간이었습니다.

내륙에서 발견된 최초의 패총, 그것만으로도 학계의 비상한 관심을 모은 비봉리 패총은 현존 세계 최고의 통나무배를 세상에 선보이며 그간 궁금증에 휩싸였던 신석기 시대 생활상을 밝히는 데 큰 역할을 하였습니다.

배의 제작은 기존 신석기인의 채집과 수렵 위주의 삶을 해양까지로 확대하고, 여러 지역과의 교류를 가능하게 해 생활 문화의 확장을 가져왔습니다.

배는 생활 환경의 지대한 변화를 가져온 대문명의 시작이었습니다. 선사 시대의 기록이 남아 있지 않아 배의 제작과정을 정확히 알기 어려우나 현재까지 발견된 한반도와 그 인근 나라의 배를 보았을 때 유사한 과정을 거침을 알 수 있습니다.

우선, 도끼로 나무를 베고 나무의 잔가지를 제거합니다.

그 후, 통나무 속을 파면서 겉면을 조금씩 불에 그을린 다음 간돌자귀(돌을 깨뜨린 뒤 갈아서 날을 세운 도구)로 파냅니다.

마지막으로 돌대패 등으로 겉을 말끔하게 정리합니다.

신석기 시대에 배를 제작하여 사용하였다는 모습은 여러 곳에서 확인할 수 있습니다.

부산 동삼동 패총에서 6,000년 전 배 모양 토기가 나왔고, 울주 반구대 암각화에서는 총 6대의 배가 확인됩니다.

울진 죽변리 유적에서는 신석기 시대의 노가 발견되기도 했습니다.

이 외에도 함경북도 서포항 조개무지 유적에서 발견된 고래뼈로 만든 노를 보아서는 한반도 전역에서 배를 제작해 사용했음을 알 수 있습니다.

비봉리 패총에서는 총 2척의 배가 발굴되었습니다.

두 배 모두 소나무로 만든 것으로 추정됩니다.

환목선은 통나무를 파내어 만든 배로, 뱃머리가 좁고 경사져서 물살의 저항을 적게 받아 속력을 높일 수 있습니다.

또, 배 밑바닥이 유선형으로 되어 있어 회전이 가능하여 뗏목보다 훨씬 효율적으로 사용이 가능했습니다.

비봉리에서 발견된 제1호 배는 현 해수면보다 약 2.1m 가량 낮은 제5패층 아래에서 출토되었습니다.

배는 동서 방향으로 놓여 있었으며, 강이 있는 방향인 남쪽으로 약간 기울어져 출토되었습니다.

잔존 최대 길이는 310cm, 최대 폭 62cm, 두께 2~5cm, 4m 이상의 배로 추정이 되고 있습니다.

200년 정도 된 소나무로 만들었으며, 불에 그을려서 가공한 흔적이 확인되고 있습니다.

8,000년 전 제작된 것으로 추정되며, 현재 세계에서 가장 오래된 배 중에 하나입니다.

제2호 배는 출토된 토층을 명확히 판단할 수 없으나 5,000~6,000년 전 배로 추정됩니다.

비봉리 패총의 배 유적은 8세기 경주 안압지에서 발견된 배 유적보다 약 6,800년이나 앞섭니다.

선사 시대에는 우리의 고조선이 한반도에 등장한 시기이며, 많은 암각화와 고인돌들이 발견되었습니다.

그 외에도 세계에서 최초라고 불릴 많은 것들이 발견되기도 했습니다.

이 단원에서 주목해서 보아야 할 것은 별자리와 그것이 새겨진 암각화와 고인돌입니다.

특히, 여기저기서 많이 발견된 동그랗게 만들어진 윷놀이판이 있습니다.

3
참성단[塹城壇]

고대 단군께서 하늘에 제를 올렸다고 알려진 제단인 강화 참성단에 대해서 이야기해 보겠습니다.

강화 참성단(江華 塹星壇)은 인천광역시 강화군 화도면 흥왕리, 마니산(摩尼山) 꼭대기에 있는 제단입니다.

상고 시대 단군(檀君)이 쌓았다고 알려져 있으며, 1964년 7월 11일 대한민국의 사적 제136호로 지정되어 있습니다.

자연석으로 기초를 둥글게 쌓아 올리고 그 위에 네모꼴의 단을 쌓았습니다.

현 면적은 5,593m²이며, 하단 원형 기단의 지름은 4.5m, 상단 방형(方形) 제단은 한 변 길이가 1.98m입니다.

동서 방향에 21계단의 돌층계가 있으며, 돌과 돌 사이의 사춤에는 아무런 접착제도 바르지 않았다고 합니다.

총 높이는 6m에 이릅니다.

참성단은 마니산 정상에 있습니다.

마니산은 지금처럼 강화도의 산이 아니었습니다.

과거 북쪽 양도면의 진강산과 동쪽 길상면의 길상산은 마니산과 얕은 바다를 경계로 분리되어 있었습니다.

마니산을 주봉으로 하는 고가도(古加島)라는 섬으로 바다 가운데 우뚝 솟아 있었는데, 17세기에 강화도의 가릉포(嘉陵浦)와 고가도의 선두포(船頭浦)를 둑으로 연결하면서 강화도와 한 섬이 되었습니다.

마니산을 흔히 한반도의 배꼽에 해당한다고 말합니다.

'겨레의 성산'으로 인식되기도 합니다.

그 까닭은 단군이 하늘에 제사하던 곳으로 전하는 참성단(塹城壇)과 단군이 세 아들을 시켜 쌓게 했다는 삼랑성이 있기 때문입니다.

마니산은 마리산(摩利山)·마루산·두악산(頭嶽山)이라고도 합니다.

강화도 지역 주민들은 마리산이라고 부릅니다.

지역 주민들이 부르는 '마리산'은 아마도 머리(頭)를 가리키는 옛말 '마리'에서 유래한 듯 생각되고 있습니다.

두악산이란 한자 명칭도 마리산이 '머리산'이란 뜻일 가능성을 강하게 시사합니다.

또 만리 밖에서 떠내려왔다고 해서 만리산(萬里山)이라 부르기도 했습니다.

더욱이 산 정상에는 하늘에 제를 지내는 단이 있어 강화뿐만 아니라 우리나라 전 민족, 전 국토의 머리 구실을 한다는 뜻이기도 합니다.

마니산에 관한 기록은 982년(성종 1년)에 최승로가 성종에게 올린 시무28조에 '마리산(摩利山)'으로 처음 등장합니다.

이후《고려사》고종 46년 조와,《동문선》에 수록된 최자의〈삼도부〉,《고려사》원종 5년 조 고려사 백승현전,《오행지》에 보이는 충렬왕 19년조,《경복흥전》에 보이는 공민왕 무렵의 기사,《최영전》과《고려사절요》의 우왕 3년 조 등에 보이는 기사를 보면, 모두 '마리산'으로 표기하고 있습니다.

이들 기록에 의하면 10세기부터 보이고 있는 '마리산' 표기는 적어도 13세기 중반 직후까지는 계속 이어져 왔음을 알 수 있습니다.

그런데 고려사 병지의 우왕 3년조 기사에서는 '마니산(摩尼山)'으로 표기하고 있습니다.

고려 말인 14세기 후반에 이르러서야 비로소 마니산이란 표기가 등장하고 있는 것으로 보아 마리산과 함께 표기되고 있음을 알 수 있습니다.

고려 우왕 때부터 문헌에 등장하는 '마니산'이라는 표기는 조선 초기에도 그대로 이어져 왔습니다.

《고려사》〈묘청(妙淸)전〉에 의하면, 마리산의 별칭으로 두악(頭嶽)이라고도 일컬었음을 알려줍니다.

마리산의 '마리'가 '두(頭)'의 뜻이었음을 알려주는데, 소나 말 따위와 날짐승의 수효를 셀 때 '한 마리 두 마리' 하는 '마리'가 바로 그것입니다.

한편 고대어에서는 'ㄴ'과 'ㄹ'은 서로 넘나드는 글자로 사용하는 경우가 빈번했습니다.

가령 신라의 처음 국호를 '서나벌(徐那伐)'이라고 표기하면서도 '서라벌(徐羅伐)'이라고 한 점과, '아나가야(阿那加耶)'를 '아라가야(阿羅加耶)'라고 한 것도 그러한 예로 볼 수 있습니다.

《고려사 지리지》나 《세종실록 지리지》에 의하면, 참성단을 단군이 하늘에 제사하던 제단으로 기록하고 있습니다.

그렇다고 한다면 참성단은 그 이전부터 이미 오래전에 존재한 것이 됩니다.

이러한 인식은 조선 시대 이래 지금까지 계속되고 있습니다.

그러나 이러한 인식이 고려 시대까지만 하더라도 일반화되지 않았습니다.

공민왕 때 밀직부사를 지낸 이강(李岡)이 참성단을 노래하면서 "돌로 쌓은 신령스러운 제단은 태고 전의 일일세(疊石靈壇太古前)"라고 했듯이, 참성단이 오래된 것임은 인정하면서도 단군과의 관련성은 언급하지 않았습니다.

마니산의 참성단은 참성대(塹城臺)·마리산 초단(醮壇)·참성 초단·마니산 초성단(醮星壇)·마리산 제단(祭壇) 등 여러 개의 호칭으로 불리었습니다.

그러나 가장 보편적으로 알려진 것은 역시 참성단이기도 합니다.

한자로는 참성단(塹星壇)·참성단(塹城壇)·참성단(參星壇)으로 표기하였습니다.

지금의 참성단은 여러 차례 보수 작업을 거쳐 완성된 것입니다.

1293년(충렬왕 19) "마리산이 무너졌는데, 천둥 치는 것 같은 소리가 났다."라고 하였습니다.

아마도 참성단도 이때 무너졌을 것입니다.

이러한 산사태는 조선 시대에도 보입니다.

1409년(태종 9) 길상산·진강산과 마니산이 무너졌으며, 1411년(태종 11년) "마리산(摩利山) 참성(塹城) 동면(東面) 중봉(中峰)의 큰 돌이 무너졌는데, 길이와 넓이가 각각 5척쯤 되었다."라거나, 1426년 "참성대(塹城臺)가 종소리처럼 울어 소리가 10여 리 밖에 들리더니, 얼마 후에 큰 돌이 무너졌다."라고 전합니다.

그만큼 참성단이 자주 훼손되었을 것입니다.

이 때문에 1639년(인조 17) 제단을 수축했으며, 1700년(숙종 26)에 수리했다는 기록이 남아 있습니다.

참성단 중수비(塹城壇 重修碑)에 따르면, 참성단은 조선 숙종 때 강화유수를 지내던 최석항(崔錫恒)이 부임해 오던 해에 관내를 순찰하며 마니산에 올랐다가 이곳이 무너져 있는 것을 발견하고, 선두포별장 김덕하(金德夏)와 당시 전등사 총섭(摠攝)이었던 승려 신묵(愼默)에게 명하여 새로이 고쳐 짓도록 하였습니다.

최석항은 "무너진 곳을 고쳐 옛 모습을 다시 살리는 일은 고을을 지키는 자가 마땅히 힘써야 할 일이다.

하물며 이곳은 우리 민족의 시조가 되는 단군께서 당뇨(唐堯)와 같은 시대에 나서 손수 단을 쌓아 청결히 하늘에 제사하는 곳임에랴! 수천 년 후의 후손들이 이곳을 바라보면 반드시 경건한 마음을 일으킬 것인즉 어찌 바로 고치지 않을 것인가."라고 적었습니다.

비는 1717년(숙종 43) 5월에 마련해 놓은 것으로, 비문에는 '참성단'이라는 이름을 붙인 사연, 참성단에 대한 선조들의 뜻 등에 관한 기록들이 함께 적혀 있습니다.

고려 후기와 조선 초기에 마니산을 방문한 이들은 주로 국가 주도로 왕명에 의해서 초제(醮祭)를 지내기 위해 등산하였습니다.

참성단 초제는 1264년(원종 5) 원종의 친제(親祭)가 거행됨으로써 주목되었습니다.

이후 참성단에서의 초례는 매년 봄가을로 설행되었습니다.

그 행향사로 파견된 인물로 이색(李穡)·이강(李堈)·경복흥(慶復興)·권근(權近)·이방원(李芳遠) 등이 확인되고 있습니다.

이색이 마니산을 방문했을 때는 31세였습니다.

참성단에서 그는 3일 정도를 머물렀는데, 이틀은 재궁에서 재계하며 천제를 위한 준비를 했고 사흘째 되는 날 새벽에 참성단에 올라 천제를 지낸 후 그날로 전등사, 선원사, 갑곶을 거쳐 돌아갔습니다.

이색은 유학자로서 썩 내키지 않는 마음으로 초례를 주관한다는 점을 출발 전이나 재계하면서 밝힌 바 있습니다.

하지만 초례를 마친 후의 심정은 홀가분했었나 봅니다.

"얼음이 있는 듯하여 기쁜 마음이지만, 말로 전하지 못하여 애석하다."라고 한 점에서 그 마음을 읽을 수 있습니다.

초례를 마친 새벽녘 그의 일행은 관솔불로 길을 밝히며 내려왔습니다.

어두운 달빛에 길은 낭떠러지인 데다 실처럼 좁아 아주 위험한 지경이었습니다.

이에 걱정이 된 산 아래 사람들은 이색 일행을 돕기 위해 참성단 정상까지 마중 오기도 했습니다.

초례에 참석한 사람들이 어느 정도의 규모였는지 알 수 없지만, 수십 명 정도에 달했던 것으로 보입니다.

"다섯 사람 열 사람씩 줄을 지어 손으로 관솔불 들어 비추어 주었다."는 언급에서 짐작할 수 있습니다.

물론 이 사람들은 하산을 돕기 위한 사람들이었지만 불을 밝히는 데만 수십여 명이 참여했다면, 초례에 참석한 사람들 역시 이에 준하는 규모였을 것이기 때문입니다.

하산 과정에서 자신은 그 행렬의 중간에서 계속 재궁을 향해 내려가고 있었지만, "앞사람은 이미 땅에 들어섰고 뒷사람은 아직 하늘에 있다."는 언급에서도 그런 추정이 가능합니다.

참성단은 상단이 네모지고 하단이 둥근 상방하원(上方下圓)의 형태입니다.

마니산 정상에서 참성단으로 이어지는 계단을 오르면 타원형의 공간에 이르게 되는데, 이 공간은 제사를 준비하는 공간으로, 남북 9m, 동서 8m의 규모입니다.

경계부에는 폭 0.8~1m, 높이 1m 내외의 담장을 둘러 외부와 구분하고 있습니다.

북쪽 담장 일대에는 천연기념물인 소사나무가 자리하며, 담장 안쪽으로는 우물터가 위치해 있습니다.

서쪽에 놓인 계단을 오르면 제단 공간(외단)으로 이어집니다.

이곳에는 상단 제단(내단)으로 오를 수 있는 18단의 계단이 마련되어 있습니다.

상단의 제단은 네 면이 각 6.5m인 정방형으로, 높이는 3~4.6m이며, 제단의 외벽은 아래에서 위로 올라가면서 퇴물림하여 쌓았습니다.

현재의 모습은 여러 차례의 수축으로 인해 원래의 형태에서 많이 변화된 결과인데, 《세종실록 지리지》에 의하면 조선 전기 참성단의 규모는 높이 10척(약 3.1m), 제단의 4면이 각 6척 6촌(약 2m), 아래 너비 각 15척(약 4.6m)이었다고 합니다.

한편 마니산 정상 봉우리의 동쪽 사면부에는 참성단중수비가 솟아 있는 자연 암반에 새겨져 있습니다.

중수비는 암반 전면부에 가로 50cm, 세로 105cm 크기의 방곽을 구획하고 그 안에 8행 238자를 새겨넣은 형태입니다.

4
천원지방[天圓地方]

마니산 꼭대기에 있는 강화 참성단은 아래는 둥글고 위는 네모난 상방하원의 모습을 하고 있습니다.

왜? 이런 모양을 하고 있는지 그 특별한 이유를 찾아보겠습니다.

과거에는 지구는 평평하다는 지평설이 존재하고 있었습니다.

그럼에도 불구하고 우리나라에는 상방하원의 유적이 보이고 있습니다.

상방하원석실묘가 있습니다.

경기도기념물 제198호로 지정된 고려 시대의 석실분으로 상방하원형이란 특이한 구조를 지녔습니다.

행정구역상으로는 북내면 상교리 산 46-1에 해당되는데, 고달사지의 뒷산에 위치합니다.

유적은 국보 제4호인 고달사지 부도에서 산 능선을 따라 500m 정도 오르면 보호 철책 내에 정비되어 있는데, 무덤 서쪽에는 연도폐쇄석이 놓여 있습니다.

이 고분의 발굴 작업은 1983년 11월~12월 한양대박물관 발굴단에 의해서 조사되었는데, 하부의 석실평면은 원형이고 연도가 달려 있으며, 상부는 네모난 방형의 2층 기단으로 된 특이한 구조임이 밝혀져 그 구조상의 특징을 살려 '상방하원석실묘'란 명칭이 붙여졌다고 합니다.

지상 구조는 2층의 제단 모양으로 되어 있는데, 기단 1층의 규모는 동서가 442cm, 남북이 412cm, 높이 46cm로 장방형을 이루었고, 기단 2층은 동서가 322cm, 남북이 280cm, 높이는 50cm입니다.

기단 하부의 석실은 돌을 쌓아서 평면 원형의 현실과 평면 장방형의 연도를 만들었고, 평면의 모양은 열쇠 구멍 모양을 이루고 있습니다.

원형의 현실 바닥 직경은 평균 163cm이며, 현실 벽의 높이는 167~175cm, 연도의 크기는 남북 방향 약 220cm이고 넓이는 90cm입니다.

현실의 천장은 대형의 편편한 돌 2매로 덮였는데, 남쪽 부분의 돌은 넓이 130cm, 두께 25cm 정도의 규모입니다.

첨성대도 상방하원의 형태를 하고 있습니다.

첨성대는 경상북도 경주시 인왕동에 있는 선덕여왕 때 지어진 신라시대의 천문대입니다.

신라 왕궁터인 반월성의 북서쪽 성곽에서 약 300m 떨어진 지점에 있습니다.

현재 국보 제31호이고, 그 원형을 유지하는 것 가운데 현존하는 세계에서 가장 오래된 천문대로 알려져 있습니다.

《세종실록지리지(1454)》 경상도 경주부에는

**瞻星臺, 在府城南隅,
唐太宗貞觀七年癸巳, 新羅善德女王所築.
累石爲之, 上方下圓, 高十九尺五寸, 上周圓二十一尺六寸, 下周圍三十五尺七寸. 通其中, 人由中而上.**

첨성대는 부성(府城)의 남쪽 모퉁이에 있다.
당 태종 정관 7년 계사(633년)에 신라 선덕여왕이 쌓은 것이다.

돌을 쌓아 만들었는데, 위는 방형이고 아래는 원형으로 높이가 19척 5촌, 위의 둘레가 21척 6촌, 아래의 둘레가 35척 7촌이다.

그 가운데를 통하게 하여, 사람이 가운데로 올라가게 되어 있다.

라고 기록되어 있습니다.

화강암 벽돌 364개를 이용해 석축 27단을 쌓았고, 역시 '1년'의 시간과 28수 별자리, 혹은 27대 국왕인 선덕여왕을 상징하는 의미로 보기도 합니다.

내부는 제12단까지 흙으로 채웠고 맨 위에 우물 정(井) 자 장대석이 있습니다.

과거에 그 위에 관측 기구를 놓았다고 추정되고 있습니다.

춘분과 추분 때는 태양광이 창문을 통해 첨성대 밑바닥을 완전히 비추고, 하지와 동지 때는 완전히 사라지게끔 만들었다고 합니다.

한편 첨성대의 문이 탑의 중간에 위치한 것은 석가모니가 어머니 마야부인의 겨드랑이(혹은 옆구리)에서 태어난 것을 상징하며, 첨성대에 사용된 364개의 화강암 벽돌은 각각 1년의 하루를 상징하고 거기에 선덕여왕의 1이 추가되어 1년 365일이 완성된다는 해석이 있습니다.

상술했듯 첨성대는 27단으로 27대 국왕인 선덕여왕을 상징하는데, $364^2+27^2=365^2$입니다.

천원지방(天圓地方)

하늘과 땅의 형상에 대한 동아시아 전통 우주론의 기본 세계관. 우주론

정의

하늘과 땅의 형상에 대한 동아시아 전통 우주론의 기본 세계관. 우주론.

개설

천원지방(天圓地方)은 "하늘은 둥글고 땅은 모나다"라는 뜻이다. 고대 중국의 수학 및 천문학 문헌인 《주비산경(周髀算經)》에서, "모난 것은 땅에 속하며, 둥근 것은 하늘에 속하니, 하늘은 둥글고 땅은 모나다"라고 선언되어 있다.
고대 중국의 여러 문헌에서 비슷한 표현을 찾아 볼 수 있다.
이 명제는 전근대 시기 말까지 동아시아 사회에서 하늘과 땅의 모양에 관한 권위 있는 학설로 받아들여졌다.

내용

고대로부터 천원지방의 의미에 대해서는 여러 가지 다른 뜻으로 해석되었다.

이는 크게 두 가지로 나누어 볼 수 있다.

첫 번째는, 천원지방을 말 그대로 하늘과 땅의 실제 모양으로 보는 입장이다.

이는 고대 중국인의 소박한 우주관을 반영한 것이지만, 한(漢)나라 시기에 주비가(周髀家)라고 불리던 우주론 학파는 여전히 "하늘은 수레 덮개를 펼친 것과 같은 원형이고, 땅은 바둑판과 같은 방형이다"라고 진지하게 믿었다.

하지만 전국시대(戰國時代) 말기부터는 천원지방을 하늘과 땅의 실제 모양으로 보는 데 반대하는 입장이 더 널리 퍼졌다.

예를 들어서 《대대례기(大戴禮記)》에는 "만약 정말로 하늘이 둥글고 땅은 네모나다면, 하늘이 땅의 네 모서리를 가리지 못하는" 불합리한 일이 벌어질 것이라는 증자(曾子)의 언급이 실려 있다.

그는 '천원지방'을 그 대신 하늘과 땅이 지닌 양과 음의 도(道)를 표현하는 말로 해석하자고 제안했다.

이와 유사한 해석이 앞서 언급한 《주비산경》의 '천원지방' 구절에서 주석을 단 조군경(趙君卿) 등 여러 논자에 의해 제기되었다.

연원 및 변천

17세기 서양 예수회 선교사에 의해 땅이 둥근 공 모양이라는 지구설이 중국에 알려지자, 천원지방을 모양이 아니라, 하늘과 땅의 도(道) 또는 덕(德)으로 해석하는 입장이 다시금 강조되었다.

지구설을 처음으로 전한 선교사 마테오 리치(Matteo Ricci)는 천원지방에 대해 굳건히 회전하는 하늘의 덕, 가운데에 고요히 정지한 땅의 덕을 표현하는 말이라고 해석했다.

이후 지구설을 받아들인 중국과 조선의 여러 학자들이 마테오 리치의 해석에 동의했다.

이러한 해석 때문에 서로 모순되는 듯이 보이는 천원지방의 명제와 서양의 지구설이 공존할 수 있었던 것이다.

참고문헌
《고대 중국인이 바라본 하늘의 세계》(이문규, 문학과 지성, 2000)
집필자 임종태

[출처: 천원지방 - 한국민족문화대백과사전]

지구 평면설(地球平面說, "flat earth" beliefs), 지평설(地平說)은 지구가 둥글지 않고 평평하다는 반지성주의, 음모론에 기반한 주장들을 말합니다.

신화 시대의 인류는 지구가 평평하다고 생각했습니다.

과학이 발달하지 않았던 시대에는 복잡한 도구나 계산이 존재하지 않았고, 비행기와 같은 비행수단도 없었기에 당시 사람들은 맨눈으로 관찰한 땅의 모양을 토대로 윤곽을 추정할 수밖에 없었기 때문입니다.

고대 그리스의 탈레스는 지중해를 항해하면서 관찰한 땅의 모습을 근거로, 지구가 방패처럼 가운데가 부풀어오른 원반 모양이라고 주장한 적 있습니다.

그런데 지구 평면설에 나오는 짐승이 하나 있습니다.
바로 거북입니다.

거북은 야생동물이면서도 유사 이래로 인간과 상당한 특이한 관계를 유지해온 생명체라고 할 수 있습니다.

세계 각국에서 개나 고양이 혹은 코끼리, 소 등 다른 많은 동물과 관련된 여러 가지 이야기들이 전해 내려오지만 거북과 관련된 이야기만큼의 무게감을 갖지 못합니다.

거북과 관련된 신화와 전설은 우리나라를 포함한 아시아 각국은 물론 유럽, 아메리카, 아프리카의 세계 여러 나라에서도 현재까지 면면히 전해져 내려오고 있습니다.

친척 관계에 있는 뱀 정도를 제외한다면 현생종의 어떠한 동물도 이렇게 광범위한 지역에서, 이렇게 오래전부터 전해 내려온 이야기의 주인공인 경우는 없습니다.

거북과 관련돼 전해 내려오는 이야기 가운데 가장 많은 내용은 거북이 세상을 떠받치고 있다는 인식입니다.

중국에서는 불의 신 '공공'과 물의 신 '축융'의 싸움으로 인해 세상을 지탱하는 기둥이 무너지자 창조의 신 '여와'가 거북의 다리를 잘라 기울어지는 세상을 괴었다는 전설이 있으며, 힌두교에서도 이 세상을 거북이 떠받치고 있다는 믿음이 있습니다.

몽골도 황금거북이 세상의 중심에 놓인 산을 떠받치고 있다고 생각했고, 일본 역시 우주산과 도교의 신선이 사는 곳을 거북이가 받치고 있다고 믿었습니다.

거북이 세상의 기둥이라는 인식은 서양 아메리카 인디언에 이르기까지 전 세계적으로 널리 퍼져 있습니다.

위 사실들이 증명하듯 거북은 여러 나라와 민족의 기원과 관련돼 세상의 만물의 원천이자 영원한 기초의 상징으로 인식되고 있습니다.

거북은 인간과 신의 매개자로 생각되기도 합니다.
다른 의미로 거북은 삼재 혹은 우주를 나타낸다는 믿음이 있습니다.
이러한 인식은 동양 여러 나라를 포함해 힌두교에서도 보이는데 둥근 형태의 배갑은 하늘을, 평평한 복갑은 땅을, 거북의 머리는 남근의 특정한 부분이라 생각해 인간에 해당된다고 여겼습니다.

다른 동물과는 차별되는 이러한 독특한 형태로 인해 거북은 하늘과 땅, 신과 인간을 잇는 중재자로 생각됐고 곧 지식과 예언의 힘을 가진 신령스러운 동물로 여겨졌습니다.

고대에는 거북과 등껍질을 불에 태워 갈라지는 금을 보고 점을 치는 귀복을 중요시했는데, 동양에서 신과 하늘의 소통을 위한 행위인 점의 주요 수단으로 다른 동물이 아니라 거북이 선택된 것은 거북에 대한 이러한 전통적인 믿음 때문이라고 할 수 있습니다.

거북은 신령스러운 동물이라고 생각합니다.

중국의 《예기》에 거북은 장수를 상징하는 신화와 전설상의 신령스러운 동물로 여겨 봉황, 용, 기린과 함께 사령으로 기록돼 있습니다.

거북을 제외한 세 가지 동물이 현실 세계에 실존하지 않지만 거북은 실제 존재하고 있는 동물이므로 사람들에게 그 의미가 남다르다고 할 수 있습니다.

우리나라도 거북에 대한 이야기는 가락국 김수로왕의 탄생설화부터 별주부전에 이르기까지 다양한 곳에서 발견되며, 다른 나라와 마찬가지로 영물, 장수, 길상, 수신, 신의 사자, 인간과 신의 매개자 등을 상징하고 있습니다.

잡귀를 쫓고 무병장수를 비는 신앙의 대상으로서의 이러한 인식은 현재까지 이어져 내려오고 있습니다.

거북은 장수의 상징이기도 합니다.

거북이 가진 또 하나의 대표적인 이미지는 중국의 신선 사상에서 유래된 십장생의 하나로 해, 산, 물, 돌, 소나무, 달, 불로초, 학, 사슴과 함께 장수를 상징하는 동물이라는 것입니다.

실제로도 거북은 다른 동물에 비해 상당히 오래 사는 생물이기 때문에 장수의 상징으로 숭배됐을 만합니다.

중국 청나라 때의 《연감유함》에 따르면 '1,000살 먹은 거북은 사람과 이야기를 할 수 있고 털이 나며, 5,000살 먹은 거북은 산귀라 하고, 1만 살 먹은 거북은 영귀라고 했다'는 기록이 있으며, 장수하는 사람을 경하하고 더욱 만수무강하기를 빌 때 '귀령학수'라는 글귀를 써서 보내기도 합니다.

이외에도 장수의 상징으로 거북의 이미지를 이용하는 사례는 현재도 무수하게 많습니다.

인도 신화에서 신은 본래 불멸의 존재가 아니었습니다.

이에 선신과 악신은 불멸을 주는 불멸주(不滅酒) 쟁탈을 위한 유해교반(乳海攪拌)의 줄다리기 싸움을 벌이게 됩니다.

이때 메루산은 바다에 던져져 중심추가 되고 뱀 바수키는 천 년간 바다를 휘젓는 밧줄이 되었습니다.

하지만 바다 속에서 메루산이 자꾸 가라앉자 비슈누 신은 자신의 화신인 거북(Kurma)을 등장시켜 산을 떠받칩니다.

힌두 우주론에서도 세계를 떠받치는 거대한 바다거북 아꾸빨라가 등장합니다.

아꾸빨라는 우주 바다를 지탱하고, 바다와 연결된 육지에서 등껍질 위에 대지를 수호하는 마하뿌드마라 불리는 네 마리의 코끼리를 동서남북 네 방위에 세워 세상 전체를 단단히 받쳐주는 괴력을 발휘합니다.

갑골문(甲骨文)은 거북이의 배껍질(甲)과 소의 어깨뼈(骨)에 새겨진 문자(文)들을 의미합니다.
갑골문은 발견된 이후로 오랫동안 한자의 기원이라 여겨졌습니다.

거북의 속성을 떠올려보면 신비하게 여겨지는 것이 자연스럽습니다.

일단 거북은 육지와 바다를 모두 돌아다닐 수 있고, 등딱지의 무늬가 균형 잡혀 특이할 뿐만 아니라 둥그스름한 돔 형태의 등딱지와 그 등딱지를 받치고 있는 단단한 네 개의 발이 움직이는 걸 보면 세계를 운반하는 모습을 상상할 수도 있습니다.

여러 신화에서 거북이 등장하는 이유도 마찬가지이지 않을까 싶습니다.

중국의 경우에는 신비한 부호와 관련된 전설에 거북이 등장합니다.

중국에는 태극과 팔괘의 효시가 된 하도낙서(河圖洛書)가 전해지는데, 《상서(尙書)》에 따르면 문자가 없던 시절 복희씨가 황하에 출현한 용의 등에 있는 점을 보고 우주 만물의 이치를 깨달아 팔괘를 만든 것이 낙서(洛書)이고, 하나라 우임금 시절 낙수에서 홍수가 났을 때 갑자기 나타난 신령스러운 거북의 등껍질 무늬를 보고 세상 만물을 표현하는 부호를 하도(河圖)라고 합니다.

하도낙서는 그림으로 시작했지만 이후 기호화되며 문자처럼 소통하는 역할을 했습니다.

문자가 만들어지기 전부터 문자의 역할을 했다는 그림에 신령한 거북(신괴)의 영향이 닿아 있는 것입니다.

우리나라에서도 거북과 관련된 구지가가 있습니다.

《삼국유사》 권2 기이2 가락국기

駕洛國記[文廟朝大康年間 金官知州事文人所撰也 今略而載之]

   가락국기[문종조 대강(大康) 연간에 금관지주사(金官知州事)로 있던 문인(文人)이 찬술한 것이다. 지금 그것을 줄여서 싣는다.]

開闢之後 此地未有邦國之號 亦無君臣之稱

 천지가 개벽한 후 이 땅에는 아직 나라의 이름이 없었고, 또한 임금과 신하의 칭호도 없었다.

越有我刀干汝刀干彼刀干五刀干留水干留天干神天干五天干神鬼干等九干者 是酋長 領總百姓 凡一百戶 七萬五千人

 이윽고 아도간(我刀干)·여도간(汝刀干)·피도간(彼刀干)·오도간(五刀干)·유수간(留水干)·유천간(留天干)·신천간(神天干)·오천간(五天干)·신귀간(神鬼干) 등 9간(九干)이 있어 추장(酋長)이 되어 백성을 다스리니 무릇 1백 호에 7만 5천 인이었다.

多以自都山野 鑿井而飮 耕田而食

 많은 사람들이 저마다 산과 들에 자리 잡고 살면서 우물을 파서 마시고 밭을 경작하여 먹었다.

屬後漢世祖光<武>帝建<武>十八年壬寅三月禊洛之日 所居北龜旨[是峯巒之稱 若十朋伏之狀 故云也]有殊常聲氣呼喚

 후한(後漢) 세조(世祖) 광무제(光武帝) 건무(建武) 18년(42) 임인(壬寅) 3월 계욕일(禊欲日)에 그들이 사는 곳 북쪽의 구지(龜旨)[이는 산봉우리의 이름인데, 마치 거북이(十朋之龜)가 엎드리고 있는 형상을 하고 있어서 이렇게 말한 것이다.]에서 무엇을 부르는 수상한 소리가 났다.

衆庶二三百人集會於此

무리 이삼백 인이 이곳에 모였다.

有如人音 隱其形而發其音曰 此有人否

사람의 소리와 같은 것이 나는데 그 형상은 감추고 소리만 내어 말하기를, "여기에 사람이 없느냐?"라고 하였다.

九干等云 吾徒在

구간들이 대답하기를, "우리들이 여기 있습니다."라고 하였다.

又曰 吾所在爲何

또 말하기를, "내가 있는 곳을 무엇이라 하느냐?"라고 하였다.

對云 龜旨也

대답하길, "구지(龜旨)입니다."라고 하였다.

又曰 皇天所以命我者 御是處 惟新家邦爲君后 爲玆故降矣 爾等
<須>掘峯頂撮土

   또 말하기를, "황천(皇天)이 나에게 명하시기를 이곳을 다스려서 나라를 새롭게 하고 임금이 돼라 하셨는데, 이러한 이유로 내려온 것이다.

歌之云 龜何龜何 首其現也 若不現也 燔灼而喫也 以之蹈舞 則是迎
大王 歡喜踴躍之也

   너희들은 모름지기 봉우리 꼭대기에서 흙을 파서 노래 부르기를, '거북아 거북아! 머리를 내밀어라. 만약 내밀지 않으면 구워 먹으리.'라고 하고, 뛰면서 춤을 추면 곧 대왕을 맞이하여 기뻐서 뛰게 될 것이다."라고 하였다.

九干等如其言 咸忻而歌舞

   구간 등이 그 말과 같이 모두 기뻐서 노래하고 춤추었다.

未幾仰而觀之 唯紫繩自天垂而著地 尋繩之下 乃見紅幅<裏>金合子

   얼마 지나지 않아 우러러 쳐다보니 자색(紫色)의 줄이 하늘로부터 드리워져 땅에 닿아있었는데, 줄 끝을 찾아보니 붉은 보자기에 싸인 금빛 상자가 있었다.

開而視之 有黃金卵六圓如日者

열어보니 해와 같이 둥근 황금 알 여섯 개가 있었다.

衆人悉皆驚喜 俱伸百拜

무리들은 모두 놀라고 기뻐서 몸을 펴서 백 번 절하였다.

尋還 <裏>著抱持而歸我刀家 眞榻上 其衆各散

얼마 있다가 다시 싸가지고 아도(我刀)의 집으로 돌아와 탁자(榻) 위에 두고 각기 흩어졌다.

過浹辰 翌日平明 衆庶復相聚集開合 而六卵化爲童子 容貌甚偉

열이틀(浹辰)이 지나고 다음 날 동이 틀 무렵(平明)에 무리들이 다시 모여 상자를 여니, 여섯 개의 알이 변화하여 사내아이(童子)가 되었는데 용모가 매우 훌륭하였다.

仍坐於床 衆庶拜賀 盡恭敬止

이윽고 평상에 앉히고 무리들이 하례의 절을 올리고 극진히 공경하였다.

日日而大 踰十餘晨昏 身長九尺則殷之天乙 顏如龍焉則漢之高祖 眉之八彩則有唐之<堯> 眼之重瞳則有虞之舜

나날이 자라서 십여 일이 지나자 신장이 9척이나 되니 은(殷)의 천을(天乙)을 닮았고, 얼굴은 용과 같으니 한(漢)의 고조(高祖)를 닮았으며, 눈썹의 팔채(八彩)는 당(唐)의 요(堯)와 같고, 눈동자가 겹으로 된 것은 우(虞)의 순(舜)과 같았다.

其於月望日卽位也

그달 보름에 즉위(卽位)하였다.

始現故諱首露 或云首陵[首陵是崩後諡也]

처음으로 나왔으므로 이름(諱)을 수로(首露)라 하였는데, 혹은 수릉(首陵)이라 하였다[수릉은 죽은 뒤의 시호(諡號)이다].

國稱大駕洛 又稱伽耶國 卽六伽耶之一也

나라의 이름은 대가락(大駕洛), 또는 가야국(伽耶國)이라고 하였는데, 곧 육가야(六伽耶)의 하나이다.

餘五人各歸爲五伽耶主

나머지 다섯 사람은 각각 돌아가 오가야(五伽耶)의 임금(主)이 되었다.

東以黃山江 西南以滄海 西北以地理山東 北以伽耶山 南而爲國尾

　동쪽은 황산강(黃山江), 서남쪽으로는 창해(滄海), 서북쪽으로는 지리산(地理山), 동북쪽으로는 가야산(伽耶山)을 경계(境界)로 하고 남쪽은 나라의 끝이 되었다.

俾創假宮而入御 但要質儉 茅茨不剪 土階三尺

　임시궁궐(假宮)을 짓게 하여 들어가 살았는데 질박하고 검소하려 하여 (지붕의) 이엉(茅茨)을 자르지 않고, 흙으로 된 계단은 (겨우) 3척이었다.

二年癸卯春正月 王若曰 朕欲定置京都 仍駕幸假宮之南新畓坪[是古來閑田 新耕作故云也 畓乃俗文也]四望山嶽 顧左右曰 此地狹小如蓼葉 然而秀異 可爲十六羅漢住地

　2년 계묘(癸卯, 43) 봄 정월에 왕이 말하기를, "짐이 도읍을 정하고자 한다." 하고, 곧 임시로 지은 궁궐(假宮)의 남쪽 신답평(新畓坪)[이는 오래된 한전(閑田)이었는데, 새로 경작하고 있으므로 이렇게 말하는 것이다. 답(畓)은 속문(俗文)이다.]에 행차하여 사방으로 산악(山岳)을 바라보고, 좌우를 돌아다보며 말하기를, "이 땅은 협소하기가 여귀 잎사귀(蓼葉)와 같으나, 수려하고 기이하니 16나한(十六羅漢)이 머물 곳이 될 만하다.

何況自一成三 自三成七 七聖住地 固合于是

하물며 하나에서 셋을 이루고, 셋에서 칠을 이루니, 칠성(七聖)이 머무를 곳은 진실로 이곳이 마땅하다.

托土開疆 終然允臧歟

강토(疆土)를 개척하면 장차 좋은 곳이 될 것이다."라고 하였다.

築置一千五百步周廻羅城 宮禁殿宇及諸有司屋宇 <武>庫倉廩之地

그리고 일천오백 보(步) 둘레의 나성(羅城)과 궁궐(宮闕)의 전각과 여러 관서의 건물, 무기고(武庫)와 창고(倉廩)를 건축할 땅을 마련하였다.

事訖還宮 徧徵國內丁壯人夫工匠 以其月二十日資始金<湯> <曁> 三月十日役畢

일을 마치고 궁궐로 돌아왔는데, 국내(國內)의 장정 인부들과 공장(工匠)들을 두루 징발하여, 그달 20일에 견고한 성곽(金城湯池)을 축조하기 시작하여 3월 10일에 이르러 공사를 마쳤다.

其宮闕屋舍 俟農隙而作之 經始于厥年十月 逮甲辰二月而成

궁궐과 옥사(屋舍)는 농한기를 기다렸다가 지었는데, 그해 10월부터 공사를 시작하여 갑진년(甲辰, 44) 2월에 완공하였다.

涓吉辰御新宮 理萬機而懃庶務

좋은 날을 받아 왕이 새 궁궐에 들어가 모든 정사를 처리하고 서무에 힘썼다.

忽有琓夏國含達王之夫人妊娠 彌月生卵 卵化爲人 名曰脫解

이때에 홀연히 완하국(琓夏國) 함달왕(含達王)의 부인이 임신하였는데, 달이 차서 알을 낳았고, 알이 변하여 사람이 되니 이름을 탈해(脫解)라고 하였다.

從海而來 身長三尺 頭圓一尺

바다를 건너왔는데, 신장이 3척이고 머리의 둘레가 1척이었다.

悅焉詣闕 語於王云 我欲奪王之位 故來耳

즐거운 마음으로 궁궐을 찾아와서 왕에게 말하기를, "내가 왕의 자리를 빼앗고자 하여 왔다."라고 하였다.

王答曰 天命我俾卽于位 將令安中國而綏下民 不敢違天之命以與之位 又不敢以吾國吾民

왕이 대답하기를, "하늘이 나를 명하여 왕위에 올라 장차 나라 안을 안정

시키고 백성들을 편안하게 하라고 했는데, 감히 천명을 어기어 왕의 자리를 주지 못할 것이며, 또한 우리나라와 우리 백성을 너에게 맡길 수도 없다."라고 하였다.

付囑於汝 解云 若爾可爭其術 王曰 可也

탈해가 말하기를, "그러면 술법을 겨루어 보겠느냐?"라고 하니, 왕이 "좋다."라고 하였다.

俄頃之間 解化爲鷹 王化爲鷲

잠시 후 탈해가 매로 변하니, 왕은 독수리로 변하였다.

又解化爲雀 王化爲鸇 于此際也 寸陰未移

탈해가 참새로 변하니 왕은 새매로 변하였는데, 그사이에 조금도 시간이 걸리지 않았다.

解還本身 王亦復然

탈해가 본래의 모습으로 변하자, 왕도 또한 그렇게 하였다.

解乃伏膺曰 僕也適於角術之場 鷹之(於)鷲 雀之於鸇 獲免焉 此蓋 聖人惡殺之仁而然乎 僕之與王爭位良難 便拜辭而出 到 麟郊外渡

頭 將中朝來泊之<水>道而行

탈해가 이에 항복하며 말하기를, "내가 술법을 다투는 데 있어 독수리 앞의 매, 새매 앞의 참새가 되었으나 (죽음을) 면한 것은 대개 성인이 죽이기를 싫어하는 인덕 소치이며, 내가 왕과 더불어 자리를 다툼이 실로 어렵다." 하고, 곧바로 작별 인사를 하고 나가서, 교외에 있는 나루터에 이르러 중국(中國)의 배가 와서 닿은 물길을 따라 떠나려고 하였다.

王竊恐滯留謀亂 急發舟師五百艘而追之 解奔入雞林地界 舟師盡還

왕은 그가 체류하여 난리를 꾀할까 염려하여 급히 배(舟師) 5백 척을 보내어 쫓으니, 탈해가 계림(鷄林)의 땅 경계로 달아나므로 배가 모두 돌아왔다.

事記所載 多異與新羅

여기에 실린 기사(記事)는 신라의 것과는 많이 다르다.

屬建<武>二十四年戊申七月二十七日 九干等朝謁之次 獻言曰 大王降靈已來 好仇未得 請臣等所有處女絶好者 選入宮闈 俾爲伉儷

건무(建武) 24년 무신(戊申, 48) 7월 27일에 구간들이 조알(朝謁)할 때에 아뢰어 말하기를, "대왕이 하늘에서 내려오신 이래로 좋은 배필을 얻지 못하였습니다. 신(臣)들의 딸 중에서 가장 좋은 사람을 뽑아 궁중에 들여 배필로 삼게 하소서."라고 하였다.

王曰 朕降于玆天命也 配朕而作后 亦天之命 卿等無慮

왕이 말하기를, "내가 여기 내려온 것은 하늘의 명령이다. 나의 배필로 왕후가 되는 것도 또한 하늘의 명령이니 그대들은 염려하지 말라." 하였다.

遂命留天干押輕舟 持駿馬 到望山島立待

드디어 유천간(留天干)에게 명하여 가벼운 배(輕舟)와 좋은 말(駿馬)을 가지고 망산도(望山島)에 가서 기다리게 하였다.

申命神鬼干就乘岾[望山島 京南島嶼也 乘岾 輦下國也]

또 신귀간(神鬼干)에게 명하여 승점(乘岾)[망산도(望山島)는 서울 남쪽의 섬이다. 승점(乘岾)은 수레 아래(輦下)의 나라(國)이다.]으로 가게 하였다.

忽自海之西南隅 掛緋帆 張茜旗 而指乎北

홀연히 바다 서남쪽 모퉁이로부터 붉은 돛을 달고 진홍빛 깃발을 휘날리며 북쪽을 향하여 오고 있었다.

留天等先擧火於島上 則競渡下陸 爭奔而來

유천간(留天) 등이 먼저 섬에 불을 피우고, 곧 물을 건너 육지에 내려와 앞다투어 달려왔다.

神鬼望之 走入闕 奏之

신귀간(神鬼)이 이것을 바라보고 대궐로 달려와서 말하였다.

上聞欣欣 尋遣九干等 整蘭橈 揚桂楫 而迎之 旋欲陪入內

왕이 듣고 기뻐하며, 이어 구간 등을 보내어 목련으로 만든 노(蘭橈)와 계수나무로 만든 노(桂楫)를 갖추어 맞이하여, 곧 모시고 대궐로 들어가려 하였다.

王后乃曰 我與(爾)等素昧平生 焉敢輕忽相隨而去

왕후(王后)가 말하기를, "나와 너희들은 평생 알지 못한 터인데, 어찌 경솔히 따라가겠느냐."라고 하였다.

留天等返 達后之語

유천간(留天) 등이 돌아와 왕후의 말을 전하였다.

王然之 率有司動蹕 從闕下西南六十步許地 山邊設幔殿祇候

왕은 그렇다고 여겨 여러 관리들을 거느리고 궁궐 서남쪽 60보쯤 되는 산의 주변(山邊)에 가서 장막으로 된 임시 궁궐(幔殿)을 설치하고 왕후를 기다렸다.

王后於山外別浦津頭 維舟登陸 憩於高嶠 解所著綾<袴>爲贄 遺于山靈也

왕후는 산 너머의 별포(別浦)의 나루터에서 배를 매어두고, 육지에 올라 높은 언덕에서 쉬며, 입고 있던 비단 바지를 벗어서 폐백으로 삼아 산신령에게 바쳤다.

其地侍從媵臣二員 名曰申輔趙匡 其妻二人 號慕貞慕良

그 나라로부터 시종(侍從)하여 온 신하(媵臣) 2명이 있었는데, 이름은 신보(申輔)와 조광(趙匡)이라고 하였고, 그들의 아내 두 사람은 모정(慕貞)과 모량(慕良)이라 불렀다.

或臧獲幷計二十餘口 所齎錦繡綾羅 衣裳疋段 金銀珠玉 瓊玖服玩器 不可勝記

혹은 노비가 도합 20여 명이었고, 가지고 온 각종 비단(錦繡綾羅)과 의복(衣裳疋段), 금·은·주옥과 각종 구슬과 보배로운 기물을 다 기록할 수 없을 정도였다.

王后漸近行在 上出迎之 同入帷宮

왕후가 점차 왕이 있는 행재소(行在所)에 가까이 오자, 왕이 나아가 맞이하여 함께 장막으로 들어왔다.

媵臣已下衆人 就階下而見之即退

따라온 신하와 그 아래 무리들은 계단 아래에서 뵙고 곧 물러갔다.

上命有司 引媵臣夫妻曰 人各以一房安置 已下臧獲各一房五六人 安置 給之以蘭液蕙醑 寢之以文茵彩薦 至於衣服疋段寶 貨之類 多以軍夫遴集而護之

왕은 관원(有司)에게 명하여, 따라온 신하 부부들을 인도하게 하며 말하기를, "사람마다 각방에 두고, 그 이하 노비는 한 방에 대여섯 명씩 안치시키며, 난초로 만든 마실 것(蘭液)과 혜초로 만든 술(蕙醑)을 주고 무늬와 채색이 있는 자리에서 자게 하며, 의복과 비단과 보물들까지 주고 많은 군인들을 내어 보호하게 하라." 하였다.

於是 王與后共在御國寢 從容語王曰 妾是阿踰陁國公主也 姓許 名黃玉 年二八矣

이때에 왕과 왕후가 침전에 들었는데, (왕후가) 왕에게 조용히 말하기를, "저는 본래 아유타국(阿踰陁國)의 공주인데, 성은 허씨(許氏)고, 이름은 황옥(黃玉)이고 나이는 16세입니다.

在本國時 今年五月中 父王與皇后顧妾而語曰 爺孃一昨夢中 同見皇天上帝 謂曰 駕洛國元君首露者 天所降而俾御大寶 乃神乃聖 惟其人乎

본국에 있을 때 금년 5월 중에 부왕(父王)이 황후(皇后)와 더불어 말씀하기를 '아버지와 어머니가 어젯밤 꿈에 똑같이 황천상제(皇天上帝)를 뵈었는데, 가락국(駕洛國) 원군(元君) 수로(首露)는 하늘에서 내려보내어 왕위에 오르게 하였으니, 신성하다고 하는 것은 오직 이 사람을 두고 하는 말이라고 하였다.

且以新莅家邦 未定匹偶 卿等<須>遣公主而配之 言訖升天

또 새로 나라를 다스리나 아직 배필을 정하지 못하였으니 그대들은 공주를 보내어 짝을 삼게 하라고 하였는데, 말을 마치자 하늘로 올라갔다.

形開之後 上帝之言 其猶在耳

잠을 깬 후에도 상제의 말이 아직 귀에 맴돌았다.

爾於此而忽辭親 向彼乎往矣

너는 이제 곧 우리와 작별하고 그에게로 가라.' 하셨습니다.

妾也浮海遐尋於蒸棗 移天夐赴於蟠桃

저는 바다를 건너서 멀리 증조(蒸棗)를 찾아가기도 하고 방향을 바꾸어(移天) 아득히 반도(蟠桃)로도 가보았습니다.

螻首敢叨 龍顔是近

이제 보잘것없는 얼굴로 외람되게 용안을 가까이 할 수 있게 되었습니다." 라고 하였다.

王答曰 朕生而頗聖 先知公主自遠而屆 下臣有納妃之請 不敢從焉 今也淑質自臻 眇躬多幸

왕이 대답하기를, "짐은 나면서부터 자못 신성하여 공주가 멀리서 올 것을 미리 알고, 신하들의 왕비를 맞이하라는 청을 듣지 않았다. 지금 현숙(賢淑)한 그대가 저절로 왔으니 이 몸에게는 다행한 일이오."라고 하였다.

遂以合歡 兩過淸宵 一經白晝

드디어 동침하여 두 밤을 지내고 또 하룻낮을 지내었다.

於是 遂還來船 篙工楫師共十有五人 各賜粮粳米十碩 布三十疋 令歸本國

이에 드디어 타고 온 배를 돌려보낼 때, 뱃사공(篙工楫師) 15인에게 각각 쌀 10섬과 베 30필을 주어 본국으로 돌아가게 하였다.

八月一日 廻鑾 與后同輦 媵臣夫妻齊鑣竝駕 其漢肆雜物 <咸>使乘載 徐徐入闕 時銅壺欲午

　8월 1일에 (왕이) 수레를 돌릴 때(廻鑾), 왕후와 한 수레를 탔으며, 따르는 신하와 부부도 말고삐를 나란히 하여 수레를 탔으며, 중국의 여러 가지 물건(漢肆雜物)도 모두 수레에 싣고 천천히 대궐로 들어오니 때를 알리는 물시계(銅壺)가 오정을 가리키려고 했다.

王后爰處中宮 勅賜媵臣夫妻私屬空閑二室分入 餘外從者以賓舘一坐二十餘間 酌定人數 區別安置 日給豊羨

　왕후는 중궁(中宮)에 거처하게 하고, 따라온 신하 부부와 그들의 사속(私屬)들에게는 빈 집 두 채를 주어 나누어 들게 하였으며, 나머지 종자(從者)들은 이십여 칸 되는 빈관(賓舘) 한 채에 사람 수를 적당히 배정하여 안치하고, 매일 풍부한 음식을 제공하였다.

其所載珍物 藏於內庫 以爲王后四時之費

　그들의 싣고 온 진귀한 물품들은 내고(內庫)에 두어 왕후가 사시(四時)로 비용으로 삼게 하였다.

一日 上語臣下曰 九干等俱爲庶僚之長 其位與名皆是宵人野夫之 號 頓非簪履職位之稱 儻化外傳聞 必有嗤笑之恥

하루는 왕이 신하들에게 말하기를, "구간들은 모두 일반 관료의 우두머리이지만, 그 직위와 명칭이 모두 미천한 촌사람들(宵人野夫)의 이름이요 고귀한 직위를 가진 사람들의 칭호가 될 수 없으니, 만일 외부에 알려지게 된다면 반드시 웃음거리가 될 것이다."라고 하였다.

遂改我刀爲我躬 汝刀爲汝諧 彼刀爲彼藏 五<刀>爲五常

마침내 아도(我刀)를 아궁(我躬)으로, 여도(汝刀)를 여해(汝諧)로, 피도(彼刀)를 피장(彼藏)으로, 오도(五刀)을 오상(五常)으로 고쳤다.

留水留天之名 不動上字 改下字留功留德 (神天)改爲神道 五天改爲五能

유수(留水)와 유천(留天)의 이름은 위 글자는 그냥 두고 아래 글자만 고치어 유공(留功)과 유덕(留德)으로 하고, 신천(神天)은 신도(神道)로, 오천(五天)은 오능(五能)으로 고쳤다.

神鬼之音不易 改訓爲臣貴

신귀(神鬼)는 음은 그대로 두고 그 훈을 고쳐 신귀(臣貴)라 하였다.

取雞林職儀 置角干阿叱干級干之秩 其下官僚 以周判漢儀而分定 之 斯所以革古鼎新 設官分職之道歟

그리고 계림(鷄林)의 직제(職制)를 취하여 각간(角干), 아질간(阿叱干), 급간(級干)의 등급을 두고 그 아래의 관료들은 주(周)와 한(漢)의 제도로 나누어 정하였으니, 이것이 옛것을 고쳐 새것을 세우고(革古鼎新) 관직을 설치하고 직책을 나누는 도리이다.

於是乎 理國齊家 愛民如子 其敎不肅而威 其政不嚴而理

이로부터 나라와 집안이 질서가 있게 되고 백성들을 자식과 같이 사랑하니, 그 교화는 엄숙치 아니하여도 위엄이 있고, 정치가 엄하지 아니하여도 잘 다스려졌다.

況與王后而居也 比如天之有地日之有月 陽之有陰 其功也塗山翼 夏 唐<媛>興<姚>

더욱이 왕후와 함께 살게 되었으니 마치 하늘이 땅을, 해가 달을, 양이 음을 가진 것과 같았으니, 그 공은 도산씨(塗山氏)가 하(夏)를 돕고 도당씨의 딸들(唐媛)이 요(姚)를 일으킨 것과 같았다.

頻年夢有得熊羆之兆 誕生太子居登公

해마다 용맹한 아들을 낳을 길조의 꿈이 있어, 태자 거등공(居登公)을 낳았다.

靈帝中平六年己巳三月一日后崩 壽一百五十七

영제(靈帝) 중평(中平) 6년 기사(己巳, 189) 3월 1일에 왕후가 돌아가니, 나이가 157세였다.

國人如嘆坤崩 葬於龜旨東北塢

국인(國人)은 마치 땅이 무너진 것과 같이 통탄하면서 구지(龜旨) 동북쪽 언덕에 장사 지냈다.

遂欲(不)忘子愛下民之惠 因號初來下纜渡頭村曰主浦村 解綾<袴>高岡曰綾峴 茜旗行入海涯曰旗出邊

그리고 왕후가 백성을 자식처럼 사랑하던 은혜를 잊지 않고자 하여, 처음 배에서 내린 도두촌(渡頭村)을 주포촌(主浦村)이라 하고, 비단 바지를 벗었던 높은 언덕을 능현(綾峴)이라 하며, 진홍빛 깃발을 달고 들어왔던 바닷가를 기출변(旗出邊)이라 하였다.

媵臣泉府卿申輔宗正監趙匡等 到國三十年後 各産二女焉 夫與婦踰一二年而皆<抛>信也

함께 왔던 신하 천부경(泉府卿) 신보(申輔)와 종정감(宗正監) 조광(趙匡) 등은 가락국(駕洛國)에 온 지 30년 만에 각각 딸 둘씩을 낳았으며, 부부가 모두 일이 년을 지나 세상을 떠났다.

其餘臧獲之輩 自來七八年間 未有玆子生 唯抱懷土之悲 皆首丘而沒

그 나머지 노비들은 온 지 칠팔 년에 자식을 낳지 못하고, 다만 고향(故土)을 그리는 슬픔을 안고서 모두 고향 쪽으로 머리를 향하고 죽었다.

所舍賓館 圓其無人

그들이 살던 빈관(賓舘)은 한 사람도 없이 텅 비었다.

元君乃每歌鰥枕 悲嘆良多 隔二五歲 以獻帝<建>安四年己卯三月二十三日 而殂落 壽一百五十八歲矣

왕은 늘 외로운 베개에 의지하여 비탄에 잠겨 있다가, 10년(二五歲) 후인 헌제(獻帝) 건안(建安) 4년 기묘(己卯, 199) 3월 23일에 돌아가니, 나이가 158세였다.

國中之人 若亡天只 悲慟甚於后崩之日

나라의 사람들이 마치 하늘이 무너진 듯 슬퍼하였으니, 그 비통함은 왕후가 돌아가던 날보다 더하였다.

遂於闕之艮方平地 造立殯宮 高一丈 周三百步 而葬之 號首陵王廟也

드디어 대궐의 동북쪽 평지에 빈궁(殯宮)을 세웠는데 높이가 1장, 둘레가

3백 보였는데, 이로써 장사 지냈으며 수릉왕묘(首陵王廟)라고 불렀다.

自嗣子居登王 洎九代孫仇衝之享是廟 <須>以每歲孟春三之日七之日 仲夏重五之日 仲秋初五之日十五之日 豊潔之奠 相繼不絶 …

왕위를 물려받은 거등왕(居登王)부터 9대손(九代孫) 구충(仇衝)에 이르기까지 제향을 이 사당에서 행하고, 모름지기 매년 정월 3일과 7일, 5월 5일, 8월 5일과 15일에 풍성하고 정결한 제사음식을 올렸는데 대대로 끊어지지 않았다.

아래는 구지가 부분입니다.

龜何龜何
    구하구하　　거북아 거북아

首其現也
    수기현야　　머리를 내어라

若不現也
    약불현야　　그렇지 않으면

燔灼而喫也
    번작이끽야　　잡아서 먹으리

여기서 구하구하는 이중적 의미를 가지고 있습니다.

하나는 거북이를 가리키고, 다른 하나는 땅을 가리키고 있습니다.

거북을 부르기 위해서는 귀하귀하 하고 불러야 하는데 땅을 강조하기 위해서 구하구하 하고 있습니다.

수기현야 역시 그렇습니다.

머리를 달라는 말은 우리들에게 우두머리를 달라는 말을 은유하고 있습니다.

천원지방은 무엇을 뜻하는지?

예전 조상님들의 사상을 보겠습니다.

천원지방은 인간 삶의 바탕인 하늘과 땅의 본성을 보여 줍니다.

'하늘은 둥글다'는 천원은 하늘의 본성을 말하고 있습니다.

하늘의 생명, 하늘의 본성은 '둥글다, 원만하다'는 것을 얘기하고 있는 것입니다.

'땅은 방정(方正)하다'는 지방은 만물을 낳는 어머니 땅의 정신을 보여주고 있습니다.

어머니의 정신은 방정하다는 것입니다.

'사각형으로 반듯하다, 곧다'라는 뜻입니다.

결론적으로, 천원지방 사상은 하늘을 아버지로, 땅을 어머니를 상징하고 있습니다.

인간 삶의 바탕인 천지를 인식했다는 뜻으로, 천지부모 사상을 기하학적 표현인 천원지방의 형상으로 남겼습니다.

다시 말해 옛 조상들은 천원지방, 하늘은 원만하고 땅은 방정하다는 독창적인 문화, 곧 특별한 개념을 가지고 있었습니다.

하늘을 아버지로, 땅을 어머니로 섬기고 살았습니다.

이는 하늘과 땅의 순리에 맞춰 살라는 뜻을 가지고 있습니다.

천지자연의 순리를 그르치면 벌을 받게 된다는 뜻이기도 합니다.

숟가락이 둥근 것도 '하늘' 젓가락은 네모난 것은 '땅'(예전엔 젓가락이 사각이었다고 합니다.), 베갯머리가 둥근 것은 남자용으로 '하늘', 베갯머리가 네모난 것은 여성용으로 '땅', 엽전의 테두리가 둥근 것은 '하늘',

엽전 안의 네모난 것은 '땅'. 하늘과 땅의 순리에 따라 살고 돈으로 인하여 분란 일으키지 말고 공평하고 고르게 항상 평화스럽게 살라는 뜻으로 상평통보를 만들었습니다.

건물의 기둥이 둥근 것은 '하늘'을 가리키기에, 궁궐 건물이나 사찰의 건물과 주로 격이 높은 건물의 기둥에만 둥근 기둥을 쓰고 있습니다.

임금 거주하는 근정전, 인정전, 사찰의 대웅전, 극락전, 향교의 대성전이 둥근 것은 '임금(하늘)' 네모난 것은 '신하(땅)'를 가리키기 때문입니다.

조선시대 아무리 지체 높은 양반이라 하여도 집의 건물 기둥을 둥근 것을 사용하지 못하였다고 합니다.

땅이 둥근 모양을 하고 있다는 서양의 지원설이 마테오 리치에 의해 동양에 전래되기 이전에 하늘과 땅에 대한 관념은 '천원지방'을 바탕으로 했습니다.

이른바 천원지방은 '하늘은 둥글고 땅은 네모졌다'라는 의미로 하늘과 땅에 대한 오래된 동양의 전통적 사고방식입니다.

중국과 한국의 경우 천원지방의 관념은 인간을 둘러싼 세계에 대한 경험과 관찰을 거치면서 하나의 관념으로 형성되었습니다.

천원지방을 바탕으로 세계 지도나 천문도가 그려졌고, 엽전 모양에서 보듯 천원지방의 관념이 반영된 일상생활의 도구들이 제작되었습니다.

그런데 천원지방은 하늘과 땅의 형상을 두루뭉술하게 표현한 것이지 구체적인 것은 아니었습니다.

예컨대 원형인 하늘과 방형인 땅이 평평한지 아니면 울퉁불퉁한지 알 수가 없었습니다.

그런 이유로 공자의 제자 증삼은 천지의 형태가 원형과 방형이라면 둥근 하늘이 네모진 땅을 가릴 수 없다는 문제를 제기하기도 했습니다.

실학자 중에서 서양의 지원설을 가장 잘 이해한 이가 바로 성호 이익이었습니다.
성호는 "지구 아래와 위에 사람이 살고 있다는 말을 서양 사람들에 의하여 비로소 자세히 알게 되었다."라면서 땅의 구형설을 인정했습니다.

조선 후기 천문학자이자 실학자인 이재 황윤석도 일찍이 외암 이간의 〈천지변설〉에 나오는 천지도에 그려진 네모난 땅의 형태는 분명히 잘못된 것이라고 지적하면서 "하늘은 땅 밖의 큰 원이고 땅은 하늘 안의 작은 원이다. 원으로써 원을 감싸는 것은 이치와 형세가 서로 마땅한 것이다."라고 언급했습니다.

또한 그는 "서양 역법에 이르기를 땅은 역시 둥글다고 했으니 무엇을 더 말하겠는가? 한영숙과 신백겸의 천지설이 하늘이 둥글다는 사실은 제대로 알았으나 땅도 둥글다는 사실에는 어두웠으니 땅을 육면의 형체로 그린 것은 분명 틀린 것이다. 이간이 천문도를 그리면서 육면체로 그렸는데 이것은 네모의 귀퉁이만 조금 제거했던 것일 뿐이고, 땅 역시 원형으로 그려야 됨을 알지 못한 것이다."라며 땅이 둥글다는 사실을 자신 있게 주장하기도 했습니다.

여기까지 천원지방에 대한 내용입니다.

하늘은 둥글고 땅은 모나다.

지평설에 근거한 이야기들입니다.

그런데, 위의 강화 참성단은 천원이 밑에 있고, 지방이 위에 있습니다. 왜 하늘이 밑에 있고 땅이 위에 있을까요?

당연히 하늘은 위에 있고 땅은 밑에 있어야 바른 형상이 아닐까요?

그럼에도 불구하고 우리 선조들은 강화 참성단을 이렇게 만들었습니다.

그것은 우리에게 무언가를 알려주려고 남겨 놓으신 큰 유산이라는 뜻입니다.

5
천부인[天符印]

이제 중요한 천부인으로 넘어갑니다.

천부인에 대한 다른 사람들의 의견을 정리해 보겠습니다.

천부인 [天符印]

개념

국조 단군왕검이 한웅천왕(桓雄天王)으로부터 받아서 세상을 통치하였다는 세 개의 인(印)을 가리키는 대종교 용어.

대종교의《환단고사》중 천부삼인에 관한 기록.
국조 단군왕검이 한웅천왕으로부터 받아 세상을 통치하였다는 것이 적힌 책.

정의

국조 단군왕검이 한웅천왕(桓雄天王)으로부터 받아서 세상을 통치하였다는 세 개의 인(印)을 가리키는 대종교 용어.

내용

《삼국유사(三國遺事)》에 처음 그 기록이 보인다.
대종교의 《한단고사(桓檀古史)》에는 거의 어디에나 천부삼인(天符三印)에 관한 기록이 나타나 있으나 그 형태에 관해서는 언급한 곳이 없다.

그러나 옛날 역사를 참작하여 볼 때 단군의 개국이념과 천부삼인과는 필연적인 인과관계가 있다.

그 내용을 직접적으로 설명하거나 언급한 바는 없지만 여러 가지로 고찰하건대, 천(天)·지(地)·인(人) 삼재(三才)와 원(○)·방(□)·각(△) 삼묘(三妙)와 성(性)·명(命)·정(精) 삼진(三眞)과 인(仁)·지(智)·용(勇) 삼달(三達)의 표상(表象)으로 추정된다.

〈구변도설(九變圖說)〉에는

"발해 선철(先哲)께서 ○□△으로써 삼진(三眞)의 이치[理]를 해석하였다."라고 하였으며, 《역해종경사부합편(譯解倧經四部合編)》의 삼일신고 진리훈의 주(註)에는 "성(性)은 ○이요, 명(命)은 □이요, 정(精)은 △이니 강상기묘(强相其妙)이다."라고 하였다.

《회삼경(會三經)》에는 "성품의 모양[性相]은 ○(동그라미)요, 목숨의 모양[命相]은 □(네모)요, 정기의 모양[精相]은 △(세뿔)이니 이것을 일러 세 가지 묘함[三妙]이다."라고 하였다.

또, "밝은이[哲人]는 이것으로써 삼극(三極)의 형상에 응하나니 밖이 둥글고 안이 빈 것(○)은 한울의 높음을 형상한 것이요, 겉면이 바르고 지름길이 곧은 것(□)은 땅의 평평함을 형성한 것이요, 위가 홀수요 아래가 짝수인 것(△)은 사람의 모양을 형상한 것이다."라고 밝혔다.

또 "밝은이는 이것으로써 삼평(三平)의 법제를 정하여 한 동그라미로 에워싸 되질하는 법이 생기고, 세 점을 서로 맞추어 저울질하는 법이 이루어졌다.

또한, 이것으로써 세 큰 도[三大之道]에 부합하니 구심(求心)과 원심(援心)으로 덕(德)의 베풂이 크고, 세로 다하고 가로 다하여 슬기의 베풂이 넓고, 투사(投射)하고 반사(反射)하여 힘의 베풂이 고르다."라고 하였다.

"어진 이는 반드시 지혜가 있고 지혜로운 이는 반드시 날램[勇]이 있나니, 그러므로 지혜가 어짊에 대하여는 동그라미 안에 네모(□) 같으며, 날램[勇]이 지혜에 대하여는 네모 안에 세불(△) 같아서, 하나는 크고 하나는 스스로 작아 스스로 같지 않다."라고 하였다.

그러므로 {○□△}에는 이내 세 가지 묘함이 있고, 이미 세 참함[三眞]의 형상이 지어져 있으며, 가히 삼극의 형상에 응하고 또한 세 큰 도에 부합하며, 반드시 삼달의 의(義)를 취하였으므로 그 뜻이 묘하고 크다.

이것이 천부삼인이다.

또한, 대종교에서는 이것을 천기(天旗)라 하여 예로부터 교의 상징으로 삼아왔다.

참고문헌
《삼국유사》
《환단고사(桓檀古史)》
《역해종경사부합편(譯解倧經四部合編)》

[출처: 천부인 – 한국민족문화대백과사전]

그런데, 과연 이토록이나 중요한 유물이 아무런 소문도 없이 사라졌다는 말이 사실일까요?

존재했다고 하지만 어디에 있는지는 아무도 모르는 유물들입니다.

어떻게 생겼는지 어디에 보관이 되었었는지, 또, 누가 그것을 사용했는지 아무런 역사적 기록이 남겨져 있지가 않습니다.

과연 그것들은 어디로 갔을까요?

그리고 그 천부삼인의 역할은 무엇이었을까요?

단군왕검의 이념은 홍익인간입니다.
널리 인간을 복되게 한다는 기본 이념을 가지고 있습니다.

그런데 과연 그 중요한 유물을 아무에게도 남기지 않고 숨겨 두었을까요?

어쩌면 그 반대일지도 모릅니다.

그분의 이념대로 그 중요한 유물들을 모두 나누어 주지는 않았을까요?

우리의 착각으로 인해서 그 중요한 유물들이 사용법도 모르고 돌아다니고 있을지도 모릅니다.

모든 사람들이 알고 있고 가지고 있는 유물이야말로 진정한 가치가 있는 것이 아닐까 합니다.

그런 관점에서 볼 때 우리 선조께서는 너무나도 배포가 넘치는 대인배였습니다.

나 역시 천부삼인이 무엇인지 모를 때는 그저 손으로 잡히는 실체가 있는 유물이라고 생각하고 있었습니다.

그러나, 그 천부삼인은 실체가 있으나 너무나 흔해서 아무도 귀하게 여기지 않는 것이었습니다.

그렇지만 그런 천부삼인이 가진 진실은 너무나도 대단했습니다.

바로 사람들에게 천문역법을 가르치고 널리 알리기 위해서 제작되었던 물건이었습니다.
그리고, 너무나도 쉽게 접하고 있는 물건이기도 했습니다.

6
윷놀이

뒷모	뒷윷	뒷걸	뒷개	뒷도		모
찌도	뒷모도		뒷밭		모도	윷
찌개		뒷모개		모개		걸
	쌜밭		방		앞밭	
찌걸		속윷		방수기		개
찌윷	속모		날밭		인찌	도
찌모	날도	날개	날걸	날윷		참먹이

109

여기서부터 저는 천부삼인의 흔적을 찾으려는 노력을 시작합니다.

윷놀이는 고대로부터 내려오고 있고 많은 사람들이 즐기고 있는 우리 전통적인 놀이 가운데 하나입니다.

북한의 평양 동명왕릉 전시관에는 고구려의 윷놀이 장면이 그려져 있다고 합니다.
북한의 학계에서도 고구려 시대에 윷놀이가 행해진 것으로 보고 있습니다.

그만큼 우리나라 전역에 퍼져 있는 놀이문화이기도 합니다.

윷가락은 크기에 따라 장작윷(혹은 장윷, 가락윷)과 밤윷(혹은 좀윷)의 두 종류가 있습니다.

보통 장작윷은 박달나무나 붉은 통싸리나무로 15cm 정도 되게 만들고 밤윷은 5cm 정도로 만듭니다.

박달나무 등으로 만든 둥근 나무토막을 둘로 나누어서 위는 둥글게 밑은 각지게 만든 윷을 만듭니다.

이 밖에도 정식 윷이라고는 할 수 없으나 콩이나 팥을 쪼개어 던져 놀던 콩윷, 팥윷도 있습니다.

윷놀이는 29개의 동그라미를 그린 윷판(馬田)을 펴 놓고 2명 이상의 인원이 편을 갈라 각자 4개의 윷가락을 던지며 노는 놀이입니다.

  윷가락을 던져서 도, 개, 걸, 윷, 모를 구하여 한 발부터 다섯 발까지 가서, 말 네 개가 모두 첫발(입구)인 도에서 출발하여 참먹이(날밭, 출구)를 먼저 빠져나가는 편이 이기는 놀이입니다.

윷놀이

정월 초하루부터 대보름까지 즐기며, 4개의 윷가락을 던지고 그 결과에 따라 말[馬]을 사용하여 승부를 겨루는 민속놀이.

이칭 사희, 척사희

정의

정월 초하루부터 대보름까지 즐기며, 4개의 윷가락을 던지고 그 결과에 따라 말[馬]을 사용하여 승부를 겨루는 민속놀이.

내용

한자어로는 '사희(柶戲)'라고 한다. 2인이 대국(對局)하여 각각 4말을 가지고 29밭이 있는 윷판을 쓰는데, 말 길은 원근(遠近)과 지속(遲速)의 방법으로 승부를 가리는 것이다.

인원수가 많을 때에는 두 패 또는 세 패로 편을 나누어서 논다.

우리나라 설날 놀이의 하나로 정월 초하루에서부터 대보름날까지 하는 것이 관례로 되어 있다. 남녀노소 누구나 즐길 수 있고, 장소에 크게 구애받지 않는 유서 깊고 전통 있는 놀이이다.

이 놀이의 명칭이 윷놀이인 것은 나무막대기 넷을 가지고 노는 놀이이므로, 도·개·걸·윷·모 중 넷을 뜻하는 윷과 놀이가 복합된 것이라 추측된다. 윷의 한자어 사(柶)

도 나무막대기 넷을 가지고 논다는 뜻이다.

윷놀이가 어느 때부터 시작되었는지에 대하여 이익(李瀷)은 《성호사설》 사희조(柶戲條)에서 "윷놀이를 고려의 유속(遺俗)으로 본다."라고 하였다.

그러나 중국의 《북사(北史)》와 《태평어람(太平御覽)》 등의 문헌에 백제에는 저포(摴蒲)·악삭(握槊) 등의 잡희(雜戲)가 있었다고 기록되어 있고, 이 저포는 오늘날의 윷놀이와 유사한 것으로 여겨지므로 윷의 기원은 삼국시대 이전으로 추정된다.

또, 일본 《만엽집(萬葉集)》 주석(註釋)의 권위자인 시카모치(鹿持雅澄)는 《만엽집고의(萬葉集古義)》에서 일복삼향(一伏三向)을 '고로(コロ)', 삼복일향(三伏一向)을 '시쿠(シク)'라 방훈(旁訓: 두루 해석)하였는데, 가쓰라기(葛城末治)는 이 삼복일향을 '시쿠', 일복삼향을 '고로'라 훈(訓)한 데 대하여 의문을 품어 오다가 우리나라의 윷놀이 중에서 그것을 발견하였다.

삼복일향과 일복삼향이란 도(徒)와 걸(杰)이라는 것을 생각해내고 마침내 그 뜻을 구명하였다.

즉, 우리 한자음으로는 '杰' 자를 '걸'이라고 발음하므로 걸이 와전되어 '고로'로 되었다 하며, 그 일례로 현재도 노루[獐]를 일본인은 '노로(ノロ)'라 하고 있는 것을 들었다.

이 이두법(吏讀法)은 신라에서 건너간 것으로 생각되거니와 시쿠는 '도', 고로는 '걸'이라는 우리말이 변화된 것으로 보인다.

사카이(酒井欣)는 그의 《일본유희사(日本遊戲史)》에서 "일본 문화는 주로 외래문화를 받아들여 이것을 소화하여 일본화하였으며, 당시 당나라 문화도 삼한(三韓)을 거쳐 들어온 것은 사실이다.

삼한과의 교섭도 역시 빈번히 행하여졌던 관계상 그곳의 문화·문물과 같은 것도 일본에 많이 들어왔고, 유희도 역시 그러하였다."라고 하여 일복삼향의 유희가 삼국시대에 우리나라에서 건너간 것으로 보았다.

이러한 학설로 미루어볼 때, 윷놀이는 고려 시대는 두말할 것 없고, 8세기 일본의 《만엽집》이 찬성(撰成)되기 이전, 즉 신라 시대에 이미 있었음을 확실히 알 수 있다.

윷에는 가락윷(채윷)과 밤윷의 두 종류가 있다. 가락윷은 길이 3치, 너비 4푼가량의 작은 윷과 길이 5치, 너비 6푼 가량의 중윷(서울윷)이 있고, 이보다 큰 윷은 장작윷 또는 장자윷이라 한다.

가락윷은 박달나무 같은 단단한 나무로 만드는데, 가운데는 굵고 양끝은 조금 가늘게 하고, 등은 둥글게 하여 화조(花鳥) 등을 채화(彩畵)하거나 낙화(烙畵)한다.

배는 약간 평평하게 하되 모서리를 살짝 둥글려서 구르기 좋게 한다. 농가에서는 참나무로 크고 굵게 장작만 한 윷을 만드는데, 손이 작은 사람은 한 손아귀에 쥐기가 어려워서 두 손으로 던질 정도이다.

이것이 장작윷이다.

밤윷은 길이 6푼, 너비 4푼 가량이다.
이 명칭은 다 그 윷의 생김새에서 이름이 붙여진 것이다.

장작윷 또는 가락윷이라 함은 그 모양이 장작의 축소형처럼, 또는 엿가락처럼 생긴 데에서 붙여진 이름이고, 밤윷은 밤알처럼 작아서 그렇게 부른다.

밤윷은 장작윷에 비하면 아주 작은 것인데, 세로로 쪼개어 4개를 1조(組)로 하기는 마찬가지이다.
이것은 주로 경상도 지방에서 많이 사용한다.

사용할 때에는 간장 종지 같은 것에 넣어 손바닥으로 덮어 쥐고 흔들어 던지는데, 손가락으로 그 종지 하반부를 쥐고 그 속에 든 밤윷만 땅바닥에 던진다.

또, 이 밖에도 정식 윷이라고는 할 수 없지만 농민들 사이에 콩밭에서나 또는 팥밭에서 작업하다 점심시간이나 잠시 쉬는 사이에 팥이나 콩 두 알을 가지고 그 절반을 쪼개어 흔들어서 땅바닥에 던져 노는 일이 더러 있다.

이러한 윷은 그 사용하는 재료에 따라 그것이 팥이면 팥윷이라 하고 콩이면 콩윷이라 한다.

이 밖에 상수리나 도토리, 살구씨, 은행 등의 열매를 이용하기도 한다. 살구씨나 은행은 양면을 두 가지 빛깔로 칠하여 쓴다.

먼저 29개의 동그라미를 그린 윷판[馬田]을 펴놓고 놀이를 하는데, 2, 3명이 보통

이지만 인원이 많을 때에는 두 패 또는 세 패로 편을 나누어서 한다.

이때 서로 윷가락을 던져서 끗수가 많고 적음에 따라 선후 차례를 정한다.

그리고 윷말은 각자 또는 각 편이 네 개씩 가지고 사용한다. 게임은 정해진 선후에 따라 시작한다.

윷가락을 던져서 네 개가 다 엎어진 것은 '모'요, 네 개가 다 잦혀진 것은 '윷', 두개가 엎어지고 두개가 잦혀진 것은 '개', 한 개가 엎어지고 세 개가 잦혀진 것은 '걸', 한 개가 잦혀지고 세 개가 엎어진 것은 '도'라고 한다.

윷말의 가는 말[行馬]을 보면 도는 한 발, 개는 두 발, 걸은 세 발, 윷은 네 발, 모는 다섯 발을 간다.

이와 같이 다섯이 각각 걸음이 다르다. 말 네 개가 모두 입구(入口)인 도에서 출발하여 참먹이[出口]를 먼저 빠져나가는 편이 이긴다.

윷말 쓰는 법에 대하여 살펴보면, 윷말 한 마리를 '한 동'이라 하고, 두 마리면 '두 동', 세 마리면 '석 동', 네 마리면 '넉 동'이라고 한다.

그리고 모나 윷이 나오면 한 번 더 할 수가 있으며 계속 나오면 계속할 수가 있다.

윷말은 윷가락을 던져서 그 수가 나타나는 데 따라 앞으로 나아간다.

가는 말이 마지막 자리인 참먹이(결승점)를 나오는 데에는 길이 몇 가지가 있는데, 그 길을 살펴보면 다음과 같다.

가는 말이 모에 오면 '모도'·'모개'·'방(中央)'으로 나올 수가 있어, 이 길은 가장 가까운 길이다.

그러나 던진 윷가락이 도·개·걸이 아니고 윷이나 모가 나오면 '속윷'이나 '속모'로 가야 하므로 이 때는 부득이 '찌모'(쨀밭: 윷판의 첫 밭으로부터 꺾이지 않고 열다섯째 되는 밭)를 거쳐서 참먹이로 나가야 한다.

또, 가는 말이 걸이나 윷에 있는데, 던진 윷가락이 개나 도가 나오면 모로 가서 앞밭으로 접어들어 빠른 길로 나갈 수가 있지만 그렇지 못하여 걸이나 윷이 나오면 나는 말은 뒷밭까지 치올라가서 '뒷도'·'뒷개'로 가야 한다.

이렇게 하여 올라간 말이 '뒷모'에 오게 되면 그 말은 그 안으로 '뒷모도'·'뒷모개'로 내려와서 윷가락의 그 나오는 끗수에 따라 참먹이로 나가게 된다.

그런데 '뒷걸'이나 '뒷윷'에 있던 말이 던진 윷가락의 끗수가 걸이나 윷이나 모가 나오면 이때는 부득이 '찌도'와 '찌개'의 가장 먼 길로 돌아가야 한다.

윷말을 잡을 때에는 앞서 가는 상대편 말 자리에 이편 쪽 말이 뒤따라가다가 같은 자리에 서게 되면 상대편의 말을 잡게 된다.

그러면 또 한 번 윷가락을 던질 수가 있다.

그러므로 상대편의 잡힌 말은 애써 멀리까지 간 것이 헛수고가 되고 처음부터 다시 시작하여야 한다.

이와는 반대로 윷가락을 던져서 처음 말이 모 자리에 있는데, 다음 차례에 또 모가 나오면 처음 것을 업고서 달린다.

두 마리가 한꺼번에 뛰게 되므로 매우 유리한 입장에 서지만, 뒤따르는 상대편 말이 이것을 잡게 되면 두 말이 한꺼번에 죽게 된다.

그러므로 윷놀이는 윷가락을 잘 던져서 모나 윷이 잘 나오게 하여 연달아 던지는 데에도 승부에 영향이 있지만, 말을 잘 쓰고 못 쓰는 데에도 승패에 많은 영향이 있다.

윷가락의 호칭은 일반적으로 하나를 도, 둘을 개, 셋을 걸, 넷을 윷, 다섯을 모라 부르는데, 이는 끗수를 나타내는 말이다.

도·개·걸·윷·모는 본래가 가축의 이름을 딴 것으로 본다.

즉, 도는 돼지[豚]를, 개는 개[犬]를, 걸은 양[羊]을, 윷은 소[牛]를, 모는 말[馬]을 가리킨 말이다. 도는 원말이 '돝'으로서 어간(語幹) 일부의 탈락형이다.

돝은 돼지의 고어로 지금은 일반적으로 돼지라고 하지만 아직도 종돈(種豚)을 '씨돝'이라 부르고, 또 일부 노인들 사이에는 돼지고기를 '돝고기'라 부른다.

〈용비어천가〉 제65장에 "苑囿엣 도틀 티샤(斬豕苑囿)" 하였고, 《두시언해》에는 "아침 ᄒᆡ엔 ᄃᆞᆰ과 도티 흐텟도다(旭日散鷄豕)."라 함을 보아도 도가 돼지임이 분명하다.

개는 지금도 개[犬]이다.

걸은 일부에서 코끼리(金思燁 說), 또는 신마(神馬, 梁柱東 說)라는 말이 있으나 이는 다 잘못이다.

지금의 양(羊)을 옛날에는 '걸'이라 하였다.

자전(字典)에 수놈의 양을 걸이라 하는데, 결자를 '수양 걸'이라 함을 보아 분명하다.

또, 큰 양은 갈(羯)이라 하는데, '羯' 자를 '거세한 양 갈'이라 한다.

그러므로 이 걸은 한자인 결갈(羯)자의 취음(取音)인 것이 분명하다.

윷은 소[牛]이니 방언에 슈·슛·슝·즁·중·쇼·소라고 함을 보아 알 수 있거니와 《훈몽자회(訓蒙字會)》에 "저(摴)를 슛뎌, 포(蒲)를 슛표, 탄(攤)을 슛놀탄"이라 하였음을 보아서 슛은 슛으로, 이 슛은 또 윳으로 변하였는데, 최근에는 철자법 때문에 윷으로 되었음을 알 수 있다.

이 ㅿ음(반치음)은 후대로 내려오면서 ㅈ음으로도 변하였으나 대체로 ㅅ음과 ㅇ음으로 변하였음을 본다.

모는 말[馬]이다.

방언에 몰·모·메라 함을 보아도 알 수 있다.
모는 몰의 어간 일부 탈락형이다.

《훈몽자회》에 "馬를 몰마"라 하였고, 〈용비어천가〉 제109장에는 "ᄆᆞ리 病이 기퍼 (我馬孔病)" 하였음을 본다.

이 'ᆞ'(아래아)음은 후대로 내려오며 '오'·'아'음으로 변하였다.

경상도 지방에서는 지금도 '오'로 사용됨을 본다. 팔을 '폴'이라 하고, 파리를 '포리'라 함을 보아도 알 수 있다.

이들 가축은 고대인에게 있어서는 큰 재산이었고 또 일상생활에 있어서는 가장 친밀한 짐승이었다.
그러므로 그 가축의 이름과 함께 몸의 크기와 걸음의 속도도 윷놀이에 이용하였던 것으로 보인다.

즉, 몸 크기의 차이를 보면 개보다는 양이, 양보다는 소가, 소보다는 말이 더 크며, 또 걸음의 속도도 돼지가 한 발자국의 거리를 뛰는 사이에 말이 한 발자국을 뛰는 거리는 돼지의 다섯 발자국 뛰는 정도의 거리가 되므로, 이렇게 대비하여 끗수를 정한 것으로 보인다.

윷판은 29개의 동그라미로 되어 있다. 윷판의 유래에 대하여 종래 일부에서는 상대(上代) 오가(五加)의 출진도(出陣圖)라 하기도 하고, 부여(夫餘)의 관직제(官職制)를 모의(模擬)한 사출도(四出道)에서 나왔다고도 하였다.

그러나 이 두 가지 설은 윷판이 어떻게 보면 그 관직제를 모의한 것 같이도 보이는 데에서 나온 견해일 뿐 그 이상 무슨 근거가 있는 것은 아니다.

문제의 초점은 윷판의 동그라미가 왜 29개인가에 있다. 이에 대하여 가장 유력한 설은 조선 선조 때의 문인 김문표(金文豹)의 윷판설[栖圖說]이다.

그의 설을 보면, "윷판의 바깥이 둥근 것은 하늘을 본뜬 것이요, 안의 모진 것은 땅을 본뜬 것이니, 즉 하늘이 땅바닥까지 둘러싼 것이다.

별의 가운데에 있는 것은 추성(樞星)이요, 옆에 벌려 있는 것은 28수(宿)를 본뜬 것이다.

북진(北辰)이 그 자리에 있으며 뭇별이 둘러싼 것을 말한다.

해가 가는 것이 북에서 시작하여 동으로 들어가 중앙을 거쳐 다시 북으로 나오는 것은 동지의 해가 짧은 것이요, 북에서 시작하여 동으로 들어가 서쪽까지 갔다가 다시 북으로 나오는 것은 해가 고른(平均) 것이요, 북에서 시작하여 동으로 지나 남으로 들어갔다가 곧바로 북으로 나오는 것은 추분의 밤이 고른 것이다.

북에서 시작하여 동을 지나고 남을 지나고 서를 지나 또다시 북으로 나오는 것은 하지의 해가 긴 것이니, 즉 하나의 물건(윷판)이로되 지극한 이치가 들어 있는 것이로다."라고 하였다.

윷놀이는 오늘날 단순한 하나의 오락으로서 정초에 하는 놀이에 불과하다. 그러나 그 본래의 뜻은 세초(歲初)에 농민들이 윷놀이로 농사의 풍흉을 점치던 고대 농경 시대의 유풍의 하나로 보인다.

산촌(山村)에서는 해마다 음력 정월 보름날이면 아침 일찍부터 산촌의 젊은이들이 모여 높은 지대 편[山便]과 낮은 지대 편[平地便]의 두 편으로 나뉘어 윷놀이를 하였다.

그때 높은 지대 편이 이기면 그해의 농사는 높은 지대 편이 잘된다고 하였고, 낮은 지대 편이 이기면 낮은 지대 편의 농사가 잘된다고 하였다. 그리고 이 놀이가 끝나면 그들은 마을의 넓은 마당으로 나와서 모심기 놀음[稻植劇]을 하였다.

이러한 습속으로 보아서 윷놀이의 본의는 농사 점으로 하여오던 것이 오랜 세월이 지나는 동안에 그 본래의 뜻이 차츰 없어지고, 오늘날에 와서는 단순히 오락적인 놀이가 된 것이 아닌가 한다.

그리고 이 놀이는 한때 놀이와는 달리 아무 때나 하지 않고, 정월 초하루부터 보름까지 하다가 거의 예외 없이 이 놀이를 그만두었다.

이것을 보더라도 윷놀이는 일반적으로 아무 때나 하는 놀이와는 다르다는 것을 알 수 있다.

오늘날 농가에서 세초에 행하는 허다한 민속점(民俗占)은 이를 방증(傍證)하고 있다. 만일 이것이 이러한 농사의 점단(占斷: 점을 쳐서 판단함)에 있지 않고 단순히 유희나 도박이라면 연중 아무 때라도 많이 하여야 될 것인데, 윷놀이는 그렇지 않다.

요컨대, 윷놀이는 상대(上代)에 농민들이 목편(木片)으로 해마다 세초에 그해의 풍흉을 점단하는 데 그 뜻이 있었다고 보며, 그 이유는 이와 같은 농사에 관한 점풍(占風 : 점술과 지술) 행위가 대개 세초에 있음에서 입증된다.

참고문헌
《오주연문장전산고(五洲衍文長箋散稿)》
《중경지(中京誌)》
《잠곡필담(潛谷筆談)》
《주영편(晝永編)》
《성호사설(星湖僿說)》
《한국의 세시풍속》(최상수, 고려서적, 1960)
《日本遊戱史》(酒井欣)

집필자 최상수
[출처: 윷놀이 - 한국민족문화대백과사전]

동지 말길 12월

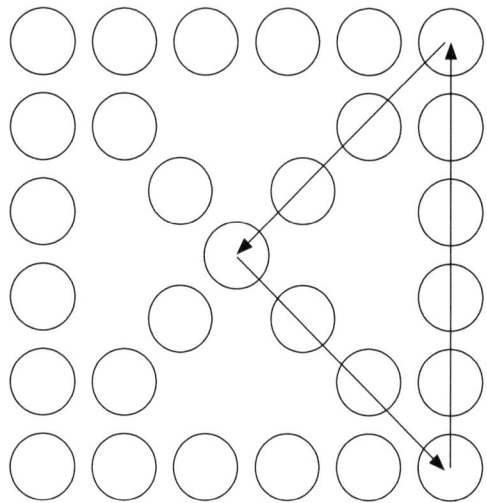

춘분 말길 3월

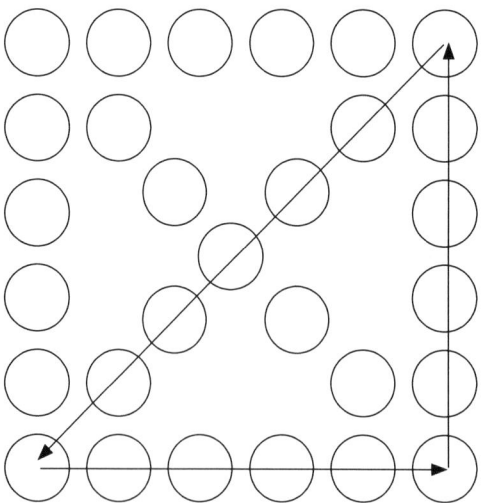

하지 말길 6월

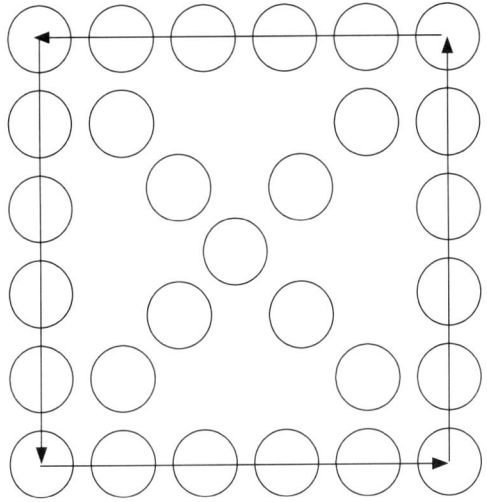

추분 말길 9월

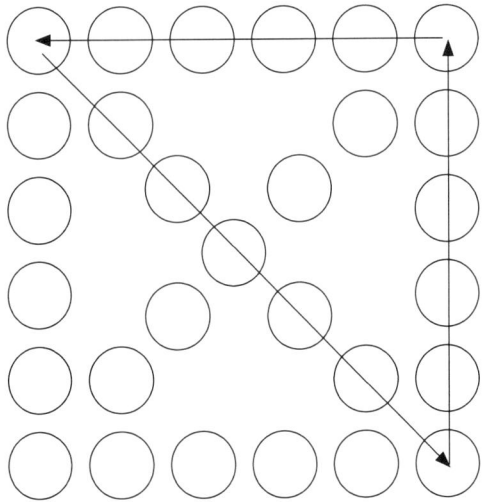

하늘은 둥글고(天圓), 땅은 반듯한 사각형(地方)으로 하늘과 땅의 이치(理致)를 백성들에게 이해시키기 위해 만들어진 우주 운행 원리가 담겨 있는 게임이 윷놀이입니다.

이는 우주의 중심에 태양이 있고, 다양한 행성과 별이 있어 하늘(天) 땅(地), 사람(人)이 윷판에 투영되어 있는 우주 블랙홀 게임판과 같습니다.

윷판은 동서남북 4방위와 각각의 칠성(七星)으로 바깥 부분은 4방위×7성(七星)인 28수(二十八宿) 별자리로 이루어져 있습니다.

윷판은 천지(天地)의 이치가 담겨 있어 사람(人)들이 작은 우주를 놀이하는 것으로 볼 수 있습니다.

28수(宿) 별자리는 해(日), 달(月), 화성(火), 수성(水), 목성(木), 금성(金), 토성(土)과 각각 대응하는 일곱 개의 요일로 구성되어 있으며, 윷판의 중심(中心)이 되는 가운데 중앙은 '북극성(北極星)'을 나타냅니다.
태양(日)이 28수(宿) 별자리를 돌 때 사계절이 생겨납니다.

윷판에서 윷가락을 던져서 나온 '도개걸윷모'에서 가운데로 들어가 중앙 북극성점에서 도착점으로 나오는 가장 짧은 코스는 해가 가장 짧은 12월을 의미하는 〈동지〉입니다.

그리고 윷판을 원형으로 한 바퀴 도는 것은 해가 가장 긴 6월의 〈하지〉를 의미합니다.

해가 고른 3월의 〈춘분〉은 윷판의 중앙점을 통과하는 가로 모양의 반달, 밤이 고른 9월의 〈추분〉은 윷판을 반바퀴 도는 세로 모양의 반달 모양(D)으로 끝맺음을 위한 도착점으로 갑니다.

따라서 윷판에서 말이 가는 길은 4계절과 계절의 시작인 12월 동지(冬至), 6월 하지(夏至), 3월 춘분(春分), 9월 추분(秋分)을 의미합니다.

12월 동지 말길, 6월 하지, 3월 춘분, 9월 추분 말길
윷놀이는 목화금수(木火金水) 네 개의 막대를 던져 앞면과 뒷면에 의해 도(亥, 돼지), 개(犬, 개), 걸(乞, 양), 윷(牛, 소), 모(馬, 말)의 다섯 가지 경우의 수가 나오면서, 우주 운행 원리로 앞으로 전진하게 됩니다.

나아갈 때는 원하는 곳으로 전진할 수 있지만, 끝맺음을 위해 나올 때는 오직 한곳인 하늘이 정한 도(道)의 근본 자리로 들어오게 됩니다. 인생이 가는 길은 달라도, 원하는 곳으로 도착하고자 하는 곳은 하나라는 뜻입니다.

윷판을 이루는 바깥에 있는 원의 갯수가 20이고, 가운데는 중앙 5.10토(土)의 열십(十)자 모양의 〈북극성〉입니다.

한마디로 윷놀이 자체가 우주 변화의 원리를 담고 있어 태극(太極)과 음양(陰陽), 역(易)의 사상 팔괘(64괘)로 하늘과 땅이 순환하는 모습을 보여줍니다.

별자리 28수(二十八宿)는 달의 궤적인 백도상에 따라 봄부터 계절의

순서대로 동, 북, 서, 남으로 4등분됩니다.

중궁에는 황룡(中宮黃龍)이 위치하고, 각 등분은 동방청룡 7수(東方青龍七宿), 북방현무 7수(北方玄武七宿), 서방백호 7수(西方白虎七宿), 남방주작 7수(南方朱雀七宿)로 구성됩니다.

각각의 일곱별은 그 순서에 따라 목(木), 금(金), 토(土), 일(日), 월(月), 화(火), 수(水)의 순서로 배치됩니다.
이렇게 4개의 등분과 각 등분마다 7개의 수가 있어 총 4×7=28수(宿)가 형성됩니다.

달(月)이 지구를 한 바퀴 도는 주기가 약 27.33일이기 때문에 달은 매일 28수(宿) 별자리 중 한곳에 머무르게 되는 것이죠.

윷판에서 28수 별자리를 제외한 중앙의 한자리가 바로 우주의 주인을 상징하는 〈북극성〉을 의미합니다.

결론적으로, 우리의 삶을 닮은 윷놀이는 세계적으로 유래를 찾기 힘든 우주를 향한 인간의 열망이 담긴 한민족의 우수한 철학이 담긴 게임입니다.

윷가락을 던져 시작하는 처음 들어가는 말은 어느 곳으로나 들어가 서로를 잡아먹을 수 있지만, 끝맺음을 위해 나오는 말은 가운데 중앙 5.10토(土)를 통해 한 구멍으로밖에 나올 수밖에 없어 윷놀이를 '천지놀음'이라고도 합니다.

7
천부경[天符經]

천부경(묘향산 본)

一始無始一析三極無

盡本天一一地一二人

一三一積十鉅無匱化

三天二三地二三人二

三大三合六生七八九

運三四成環五七一妙

衍萬往萬來用變不動

本本心本太陽昂明人

中天地一一終無終一

재야사학자인 송호수는 천부경의 여러 판본이 전해지고 있다고 주장하며 다음과 같이 정리하였습니다.

앞의 81자 천부경은 묘향산 석벽본입니다.

계연수가 1916년 발견하여 1917년 단군교에 보냈다는 판본으로, 계연수는 최치원이 석벽에 새겨놓은 것이라 주장하였습니다.

현재 여러 천부경의 원본으로 보입니다.

앞으로 천부삼인으로 해석하는 천부경의 원문으로 사용할 예정입니다.

천부경(天符經)

정의

대종교(大倧敎)에서 신성시하는 기본 경전으로 우주창조의 이치를 81자로 풀이하고 있음.

내용

대종교의 기본 성전으로 천신(天神)인 한인(환인, 桓因)의 뜻에 따라 한웅(환웅, 桓雄)의 천부인(天符印)을 가지고 백두산 신단수(神檀樹) 아래 강림하여 홍익인간(弘益人間)·이화세계(理化世界)의 대업(大業)을 시작한 고사(古事)에서 연유하는 지고(至高)의 천서(天書)로 평가된다.

원래 대종교가 1909년 초 중광(重光)될 당시는 밝혀지지 않았던 경전이다.

그 시절 묘향산에서 수도하던 계연수(桂延壽)가 10여 년 동안 정성을 들인 끝에 암벽에 새겨진 《천부경》을 찾아내어 1916년 9월 9일 이를 탁본(拓本)하여, 뜻을 살펴보려 해도 헤아릴 도리가 없어, 고심하던 끝에 서울에 한배검[檀君]을 신봉하는 단군교가 있다는 소문을 듣고 1917년 초 대종교로 전하여 옴으로써 밝혀졌다.

그 뒤 대종교에서 발간된 《종리문답(倧理問答)》이라는 책 등에서 한배검의 사관(史官)인 신지(神誌)가 《비사(祕詞)》와 《천부경》을 지어서 한배검의 교화를 전하였다는 내용으로 《천부경》을 말하고는 있으나, 공식적으로는 대종교 경전으로 편입되지 않았다.

1975년 6월 대종교 교단 교무회의 결정에 따라 경전으로 정식 공인되었고, 1983년 간행된 《대종교요감》에 처음 경전으로 실리기 시작하였다.

《대종교요감》에 의하면, "천부경은 한배검께서 홍익인간의 이념으로 천하만민을 교화하는 데 '조화의 원리', 즉 우주창조의 이치를 81자로 풀이한 진경(眞經)으로, 1에서 10까지의 수리(數理)로 천(天)·지(地)·인(人) 삼극(三極)의 생(生)·장(長)·노(老)·병(病)·몰(歿)의 무한한 반복의 경위를 설파한 것이다."라고 되어 있다.

그 구성 내용을 보면 一에서 三으로 오고 三에서 一로 가는 '一·三, 三·一'의 원리이다.

같은 원리를 담고 있는 《삼일신고》가 논설적 경전인 데 비하여 이 《천부경》은 상수학적(象數學的)인 경전이라는 특징이 있다.

원리를 좀더 구체적으로 살펴보면 대종교에서 추구하는 '삼신일체(三神一體)·삼진귀일(三眞歸一)'이라는 기본교리로 표현된다.

앞의 것이 신도(神道)의 차원에서 홍익인간의 이념을 구현하는 것이라면, 뒤의 것은 인도(人道)의 차원에서 성통공완(性通功完: 참된 성품을 닦아 수행의 공덕을 이룩함)의 공덕을 쌓아 지상천궁(地上天宮: 光明世界)을 세우는 것으로 상통(相通)하고 있음을 본다.

이 상통성은 대종교 교리에서 매우 중요한 뜻을 갖는데, 《천부경》 내용도 이 두 가지 차원에서 살펴야 한다. 전체 81자를 다섯 부분으로 나누어, 대종교의 여러 경전에 나오는 내용을 원용(援用)하여 설명하고, 그런 다음에 일괄 풀이를 하는 방식으로 한다.

① 일시무시일석삼극무진본(一始無始一析三極無盡本): 우선 一, 무시(無始), 삼극(三極)의 뜻이 문제이다. 《신리대전(神理大全)》에서는 "대종지리(大倧之理)는 三一일 따름이다.

一이 있고 三이 없으면 그 용(用)이 없고, 三이 있고 一이 없으면 그 체(體)가 없으니, 고로 一은 三의 체가 되고 三은 一의 용이 된다.", "천지의 이치는 一을 상(常)으로 하고, 三을 변(變)으로 한다."라 하였다.

그리고 《회삼경(會三經)》에서는 "크도다, 신도(神道)여, 즉일즉삼(卽一卽三)이 되어서 체(體)로써 끝없이 위에 이르고, 용(用)으로써 끝없음을 다하도다.", "이 세 가지 도(道)는 사람이 또한 가졌으되, 다만 사람에게는 시작이 있고 신(神)에게는 시작이 없을 뿐이니라(無始而己).", "귀일(歸一)은 삼진귀일이니 곧 반진일신(返眞一神)이다."라고 하였다.

여기서 '一'은 수리적으로는 三에 대한 체요 천지지리(天地之理)의 근본[常]이며, 또한 삼신일체의 일신(一神)이며 신도(神道)의 뜻이 있음을 알게 된다. 또한 '무시'가 신의 절대성과 관련하여 쓰였음을 알게 된다.

이어서 《회삼경》에서 "성(性)은 ○로 보고 명(命)은 □로 보고 정(精)은 △로 보니 이것을 삼묘(三妙)라 한다.", "철인(嚞人)이 이것을 써서 삼극의 상(象)을 삼으니 ○는 하늘이요 □는 땅이요 △은 사람이다."라고 하였으니, '삼극'은 천·지·인을 뜻하는 것을 알 수 있다.

이를 풀이하면 삼신일체로서의 일신(一神)인 한배검의 신도는 우주만물의 근본이요, 또한 비롯됨이 없는 절대적인 것이다. 그 근본이 되는 一이 작용하여 천·지·인의 삼극을 이루는 것이지만, 이 작용은 그 근본(體)됨을 다한 것이 아니다.

② 천일일지일이인일삼일적십거무궤화삼(天一一地一二人一三一積十鉅無匱化三): 一·二·三·十의 뜻이 문제이다. 그리고 같은 숫자의 뜻이 쓰임에 따라서 다르게 사용되고 있다. 천一一과 지一二, 그리고 인一三의 一의 수는 생(生)·화(化, 長)·성(成)의 3단계에서 첫 번째 단계이며(體로서 生의 조짐만을 머금었을 뿐), 아직 형상을 이루기 전인 첫 단계를 뜻한다.

그리고 이어서 나오는 一·二·三의 수는 《회삼경》에 "…수로써 하면 ○는 一로 비롯하고, □는 二로 비롯하며, △은 三으로 비롯한다."라고 하였으니, 여기서 천·지·인의 창조과정을 말하고 있음을 깨닫게 된다.

그리고 나머지는 《신리대전》에 "一에서 十과 十에서 백(百)과 백에서 만(萬)은 모두가 하나로 말미암아 쌓이지 않음이 없으니 고로 一이 체가 되고, 三으로 九, 九로 二十七, 二十七로 八十一은 모두가 三으로 말미암아 변하지 않음이 없으니, 고로 三이 용이 된다."라고 하였다. 여기서 十은 수리적으로 모든 수의 끝수로 무한성을 나타내며, 三은 모든 변화의 기본 수임을 알게 된다.

이를 풀이하면, 창조 과정에서 하늘의 근본인 一은 첫 번째가 되고, 땅의 근본인 一은 두 번째가 되고, 사람의 근본인 一은 세 번째가 되었다.
이 만유(萬有)의 근본인 一을 쌓아 나가면 十까지 끝 수에 이르도록 커져서 우주만상이 이루어지는 데 아무 부족함이 없이 三이라는 용수(用數)로 이룩하게 된다.

③ 천이삼지이삼인이삼대삼합육생칠팔구(天二三地二三人二三大三合六生七八九): 천·지·인 다음에 모두 二三으로 표현된 것은, 바로 앞에서 一의 단계를 거친다고 한 것에 이어서, 여기서는 화(化)를 뜻하는 二와 성(成)을 뜻하는 三의 단계를 가리키는 것이다.

이는 《신사기》에 "홀로 양(陽)만으로는 생(生)하지 못하며, 홀로 음(陰)만으로는 화(化)하지 못한다. 치우치게 맞서면 성(成)이 어그러지며, 음양이 서로 감(感)하고 화(和)하여야 기름[育]을 도울 수 있다."라고 하여, 음과 양이 어울려서 형상을 갖추게 되는 단계가 두 번째인 화(化)이며, 완성하게 되는 단계가 세 번째인 성(成)임을 보여주는 것으로도 알 수 있다.

다음은 《회삼경》에 "육대(六大)가 있은 뒤에야 신도가 드러나고, 진(眞)과 망(妄)이 있은 뒤에야 인도가 나타나니, 상천(上天)과 하천(下天)이 이치가 통한다.", "이 길(神道)이 한 번 변하매 육대가 성상(成象)하니, 가로대 공(空)·열(熱)·진(震)·습(濕)·한(寒)·고(固)이다.

공은 천(天)이 되고 열은 화(火)가 되고 진은 전(電)이 되고 습은 수(水)가 되고 한은 풍(風)이 되고 고는 지(地)가 된다."라고 하였으니, 천지간에 육대현상(六大現象)이 신도에서 비롯되는데, 이 신도는 또한 신의 대덕(大德)·대혜(大慧)·대력(大力)으로 이루어진다.

여기서 '대삼합육(大三合六)'을 추론(推論)할 논거가 마련되지만, 특히 '六'은 《회삼경》에서 "…후천지수(後天之數)는 처음이 二요 가운데가 六이요 十에서 끝난다…"라고 하였으니, '六'은 수리적으로 우주 생성과 운행 과정의 중간을 나타내고 있음을 알 수 있고, 이어서 七·八·九는 二에서 十까지로 나타내는 과정에서 六에 이어지는 과정을 간단히 나타낸 것이다.

이리하여 천·지·인 삼극은 각각 음양을 갖추어 형상을 이룩하는 二인 화(化)의 자리를 거쳐 일단 완성을 뜻하는 三인 성(成)의 자리에 나아가게 된다.

여기서 한배검의 대덕·대혜·대력 하심은 천지간에 육대현상을 성상(成象)하여 신도를 드러내는 단계에 이르는데, 이 단계는 우주생성과 운행과정의 중간으로 '七·八·九'의 다음 단계가 이어진다.

④ 운삼사성환오칠일묘연만왕만내용변부동본(運三四成環五七一妙衍萬往萬來用變

不動本): 三·四·五·七의 뜻이 문제이다.

다만, 이제까지는 우주 만물의 모든 생성 과정인 十까지를 일괄하여 설명한 데 비하여, 여기서는 이렇듯 생성된 것들이 어떻게 운행되고 있는가에 대하여 설명하고 있다.

《신사기》에 "공경하게 치화주(治化主: 단군)를 상고하니 가로대 한검(桓儉)이시니 오사(五事)를 맡으사 홍익인간 하시며, 처음 나라를 세우사 제통(帝統)을 만만대로 드리우시다. 삼선(三儒: 三仙)과 사령(四靈)에게 명하시어 공경하게 직분(職分)을 주시고, 인간 366사를 맡아 다스리게 하시다."라고 하였는데 '運三四'의 三四는 삼선 사령을 가리킨다고 판단한다.

다음에 '성환오칠(成環五七)', 즉 五와 七이 가락지 같은 원(圓)을 이룬다는 것은, 나머지 十까지 수를 아울러 검토할 때 어떤 원형(圓形), 다시 말하여 주역(周易)의 하도(河圖)나 낙서(洛書)를 연상하게 한다.

그러나 이것들과는 다르게 《화삼경》에는 신도에 따른 우주천지의 운행을 설명하는 선천지도(先天之圖)와 후천지도(後天之圖) 두 가지가 있다.

그리고 한배검이 홍익인간의 뜻을 가지고 새로이 창세(創世)한 만큼 '후천지도'가 쓰이겠는데, 바로 이 후천지도의 한가운데 있는 중궁(中宮)의 수가 六이다. 이 六을 가운데에 두고 五와 七, 四와 八, 三과 九, 二와 十 등 넷이 배열되어 있다. 다시 말하여 '성환오칠(成環五七)'은 이 후천지도에 따른 운행을 가리키고 있다.

또 다음에 '일묘연(一妙衍)'의 一은 바로 '일신(一神)'을 뜻하고, 수리적으로 말하면 앞에서도 설명한 바 있듯이, 모든 수의 체가 되는 근본 수 一인 것이다.

이를 풀이하면, 우주천지는 신도에 따라 삼선사령이 모든 일을 맡아 주관하며, 정해진 이치(후천지도에 나타난)에 따라 운행된다. 一이라는 근본 수는 오묘(奧妙)하게 불어서 우주천지간에서 무한한 작용을 일으키지만, 그 용만이 변할 뿐이고 근본은 변동이 없다.

⑤ 본심본태양앙명인중천지일일종무종일(本心本太陽昻明人中天地一一終無終一): 여기서는 신도 차원의 설명을 인도(人道) 차원에서 다시 정리하면서 끝마무리를 짓고 있다.

즉, '본심(本心)'의 심이 그것을 나타내고 있다. 앞에서도 언급했지만 《회삼경》에 보면 신도는 육대가 있음으로 하여 드러나고, 인도는 삼진(三眞)인 성(性)·명(命)·정(精)과 삼망(三妄)인 심(心)·기(氣)·신(身)이 있음으로 하여 나타나며, 상천(上天)의 신도와 하천(下天)의 인도는 그 이치가 서로 통한다고 하였다.

그리고 다시 상천은 성천(性天)이니 곧 신도요 하천은 심천(心天)이니 곧 인도라 하여 신도와 인도의 관계뿐만 아니라, 인도가 서기 위해서는 심(心)이 중심이 된다는 내용을 말해주고 있다.

그리고 '심'에 대하여 살펴보면, 사람은 본래적으로 성·명·정 삼진을 품수(稟受)하여 무선악(無善惡)하고 무청탁(無淸濁)하고 무후박(無厚薄)하지만, 배태초(胚胎初)에 삼망이 뿌리박아서 심·기·신을 지니게 된다.

심은 성에 의지하여 선악이 있게 되고, 기는 명에 의지하여 청탁이 있게 되며, 신은 정에 의지하여 후박이 있게 되는데, 이 때문에 사람은 가달길[妄途]로 빠질 수도 있는 위태로운 처지가 된다.

여기서 뜻을 하나로 모아 바른길로 나가서(一意化行) 삼망에서 벗어나 삼진으로 돌아가는 '반망귀진(返妄歸眞)'의 길로 나가야 한다. 이것이 바로 '성통공완'하여 '삼진귀일'하는 인도인 것이며, '본태양앙명(本太陽昂明)'의 뜻도 이를 나타낸 것으로 생각한다.

다음의 '일종무종일(一終無終一)'은 맨 처음의 '일시무시일(一始無始一)'과 대조적인 의미로 쓰였음이 분명하다. 一이 체로써 근본으로 우주 만물을 '비롯됨'이 있게 하였다면, 또한 '되돌아옴'이 있게 하여야 할 것이고, 그러면서도 '비롯됨이 없고' '마침도 있을 수 없다'는 영원한 신도의 절대성이 자명하게 표현되고 있다.

이 근본은 또한 곧 심이요, 태양과 같이 밝게 비치면 반망귀진하고 성통공완하여 삼진귀일하는 인도가 설 것이니, 이와 같이 하면 사람은 천지 가운데 서서 신도와 함께할 것이다. 이렇듯 모든 이치가 근본인 신도로 돌아가지만 이 근본은 마침이 없는 절대적인 것이다.

참고문헌
《대종교요감》(대종교총본사, 1983)
《역해종경사부합편》(대종교총본사, 1968)
- 본 항목의 내용은 관계 분야 전문가의 추천을 거쳐 선정된 집필자의 학술적 견해로, 한국학중앙연구원의 공식 입장과 다를 수 있습니다.

[출처: 천부경 – 한국민족문화대백과사전]

전문과 해석

一始無始一析三極無
盡本天一一地一二人
一三一積十鉅無匱化
三天二三地二三人二
三大三合六生七八九
運三四成環五七一妙
衍萬往萬來用變不動
本本心本太陽昻明人
中天地一一終無終一

일시무시일석삼극무
진본천일일지일이인
일삼일적십거무궤화
삼천이삼지이삼인이
삼대삼합육생칠팔구
운삼사성환오칠일묘
연만왕만래용변부동
본본심본태양앙명인
중천지일일종무종일

9×9의 격자 안에 배열된 전문

一始無始一 析三極 無盡本
天一一 地一二 人一三
一積十鉅 無匱化三
天二三 地二三 人二三
大三合六 生七八九
運三四 成環五七 一妙衍
萬往萬來 用變不動本
本心本 太陽昂明
人中天地一 一終無終一

일시무시일 석삼극 무진본
천일일 지일이 인일삼
일적십거 무궤화삼
천이삼 지이삼 인이삼
대삼합육 생칠팔구
운삼사 성환오칠 일묘연
만왕만래 용변부동본
본심본 태양앙명
인중천지일 일종무종일

일반적으로 받아들여지는 끊어 읽는 방식으로 풀이해 보겠습니다.

하나(一)는 시작하나 시작함이 없는 하나(一)이다.

[존재의 양면성·동시성. 양자물리학에서의 빛이 입자이면서 파동이기도 한 바로 그 성질. 불교에 있어서의 색이 공이고 공이 색인 바로 그 성질. 도교에 있어서 태극은 바로 무극인 그 성질.]

삼극(三極)으로 나누어지되 그 근본은 다함이 없다.

하늘 하나가 그 삼극 중의 하나요, 땅 하나는 그 삼극 중의 둘이요, 사람 하나가 그 삼극 중의 셋이다.

하나(一)가 크게, 또는 완전히 쌓이되(積+鉅) 그 끝없이, 또는 한없이 (無匱) 삼극으로 화하며 쌓인다.

[즉 천지인삼극이 모여 대삼중 대천을 이루고 또 천지인 삼극이 모여 大三中 대지를 이루고 마찬가지로 대삼중 대인도 이루어진다. 이렇게 대삼극이 되는 것이 궤 없이, 또는 끝없이, 영어로는 unlimited하게 이루어진다.]

하늘이 둘인 삼극이고 땅이 둘인 삼극이며 사람이 둘인 삼극이라.

[천(천, 지, 인) 지(천, 지, 인) 인(천, 지, 인) = 大三 즉 大天 속에 천지인 일극이 각 있으니 천이 두 개인 천이삼이 되는 것이고 또한 大地 속에도 천지인 각 일극이 있으니 지가 두 개인 지이삼인 것이고 大人 역시 인이 두 개인 인이삼인 것이다.

이것이 무엇을 말하는 것이냐면 삼극이 쌓여 대삼으로 계속 되어가면 각 극은 그 극의 성질이 더 한층 강화된다는 것을 숫자로 나타낸 것이다.

끝없이 대삼으로 쌓여 나가면 결국엔 맨 나중의 남는 대삼의 성질은 각각 天∞三 地∞三 人∞三이 될 것이다. 천무한대삼은 하느님이 될 것이고, 지무한대삼 지황이 될 것이고 인무한대삼은 인황이 될 것이다.]

큰 삼극이 합하여 여섯이 되고 일곱·여덟·아홉을 내며 셋·넷을 운용하여 다섯·일곱과 고리를 이룬다.

(이렇게 고리를 이루면) 하나(一)는 묘하게 넓어 만물이 오고 간다.

[삼사가 오칠과 고리를 이루면 하나 속에 소삼과 대삼이 같이 공존하게 되니 하나가 나누어지든 쌓이게 되든 서로가 단절된, 또는 개개로 따로 떨어진 극이 아니라 소통하는 극이 되는 것이다.
그래서 하나는 묘하게 넓으며 만왕만래인 것이다.]

쓰임은 변화하나 근본엔 변동이 없다.

[근본의 요체(心)는 태양이 높이 떠 빛나는 것이다(광명). 사람 속에 천지일극이 있는 것이다.]

하나(一)는 마치나 마침이 없는 하나(一)이다.

[천부경을 요약하면 세상 모든 우주 만물은 시작도, 끝도 없는 최초의 하나에서 비롯되어 천지인 삼극으로 積析되어 이루어지며, 그 根本은 태양앙명(光明)이다.]

'사람에게는 천지일극이 있다'와 같이 된다.

[최초의 시작도 끝도 없는 하나는 천부경에 쓰여 있는 순서대로 보면 천극이며, 그 천극 중의 지극한 천극은 바로 하느님이고 이 세상 우주만물은 바로 하느님에게서부터 시작된다. 地皇 人皇도 다 天皇(하느님)에게서 나온 것이다.]

이와 같은 내용은 삼일신고에 잘 설명되어 있습니다.

이상 81자(가로 9자×세로 9자)가 전문인데, 세상의 모든 이치와 우주의 법칙을 담았다고 합니다.

농은유집본에서는 몇 글자가 다릅니다.

원문은 끊어 읽기가 되어 있지 않기 때문에, 끊어 읽는 방식이 종단이나 연구자마다 천차만별입니다.

예컨대, 전병훈이 최초로 소개한 주해에서는 다음과 같이 끊어 읽었습니다.

一始無始,
一析三,
極無盡,
本天一一,
地一二,
人一三,
一積十鉅,
無匱化三,
天二三,
地二三,
人二三大三合六,
生七八九,
運三四成環,
五七一妙衍,
萬往萬來,
用變不動本,
本心本太陽昂明,
人中天地一一終,
無終一。

이유립의 《천부경도해》에 실린 끊어읽기는 아래와 같습니다.

一始無，始，一。
析三，極無，盡本。
天一一，地一二，人一三。
一積十鉅，無匱化三。
天二三，地二三，人二三。
大三合六。
生七八，九運三，四成環。
五七一，妙衍，萬往萬來，用變，不動本。
本心，本太陽，昂明，人，中天地，一。
一終無，終，一。

읽어보면 알겠지만 수비학적 요소가 강하며, 천지인의 개념을 바탕으로 1, 2, 3 등 기본 숫자의 조합을 통해 우주의 이치를 설명하려 하고 있다는 점에서 주역과 하도낙서 등을 연상케도 합니다.

대종교의 경전인 삼일신고와 마찬가지로 기독교의 삼위일체를 의식한 것이 아니냐는 의견도 있었습니다.

이 경을 처음 입수해 소개한 전병훈은 내단학의 관점에서 천부경을 풀이하려 했습니다.

아래는 독립운동가인 홍범도, 오동진 등이 천부경에 대한 찬을 남긴 것입니다.

天施地轉 環成五七 一積而鉅 无匱而三 一像之眞 根核永生 大哉 天符 萬世寶典

하늘이 베풀고 땅이 굴러, 5와 7이 고리를 이루었다.
1이 쌓여 커지나 다함 없는 셋이다.
1의 모습의 진실은 그 근본이 영생이로다.
크도다. 천부(天符)여. 만세의 보전이로다.

홍범도

乾坤正氣 創成倍達 授符遣往 率將而主 熊虎願化 平等與婚 假化之德 弘益人間

하늘과 땅의 바른 기운이 배달을 만들었고 천부(天符)를 주니 장수들을 이끌어 주인 되었다.
웅족과 호족이 교화받기를 원하니 평등하게 혼인을 허락하였다.
인간의 몸을 가탁하여 교화하신 덕은 홍익인간이 되어 널리 이롭게 하고자 한 때문이다.

오동진

8
천부삼인 첫 번째 열쇠

단군께서 홍익인간의 정신으로 세상에 뿌린 천부삼인의 첫 번째 열쇠를 이제부터 하나씩 밝혀볼까 합니다.

그 첫 번째 열쇠는 윷놀이판입니다.

사람들이 청동방울로 생각하고 있는 것이죠.

암석에 새겨진 윷놀이판이 우리나라 여러 지점에서 발견되고 있습니다.

그것이 하늘의 별자리를 그린 것이라는 것은 앞에 선사 시대 부분에 나와 있습니다.

그것의 모양은 마치 독특한 방울의 형태를 가지고 있습니다.

특히 윷판의 구성은 북두칠성이 북극성을 중심점으로 두고 매일 한 바퀴씩, 일 년 사계절을 다하면서 다시 한 바퀴씩 일주천하는 천문 원리에 따라 천구상의 동서남북 사방위로 북두칠성 위치를 고정하여 윷판 모형이 되었다는 점입니다.

윷판은 동서남북 4방위와 각각의 칠성(七星)으로 바깥 부분은 4방위×7성(七星)인 28수(二十八宿) 별자리로 이루어져 있습니다.

윷판은 천지(天地)의 이치가 담겨 있어 사람(人)들이 작은 우주를 놀이하는 것으로 볼 수 있습니다.

28수(宿) 별자리는 해(日), 달(月), 화성(火), 수성(水), 목성(木), 풍성(風), 토성(土)과 각각 대응하는 일곱 요일로 구성되어 있으며, 윷판의 중심(中心)이 되는 가운데 중앙은 '북극성(北極星)'을 나타냅니다.

3개의 담은 3원으로 태미원(太微垣), 자미원(紫微垣), 천시원(天市垣)입니다.

4상위의 사신(舍)은 동방(청룡), 북방(현무), 서방(백호), 남방(주작)입니다.

각 사방신은 목, 금, 토, 일, 월, 화, 수의 칠요를 두어 각 칠요에 대응하는 신수가 정의되어 있습니다.
7×4=28이 되어서 28수(宿)가 됩니다.

동방칠수(청룡)
각수(角宿) 항수(亢宿) 저수(氐宿) 방수(房宿)
심수(心宿) 미수(尾宿) 기수(箕宿)

북방칠수(현무)

두수(斗宿) 우수(牛宿) 여수(女宿) 허수(虛宿)

위수(危宿) 실수(室宿) 벽수(壁宿)

서방칠수(백호)

규수(奎宿) 누수(婁宿) 위수(胃宿) 묘수(昴宿)

필수(畢宿) 자수(觜宿) 삼수(參宿)

남방칠수(주작)

정수(井宿) 귀수(鬼宿) 유수(柳宿) 성수(星宿)

장수(張宿) 익수(翼宿) 진수(軫宿)

사수(舍宿)　　중심별 (아래는 사수 중심별 순입니다.)

동방 청룡

각(角) 처녀자리 (α Vir) 스피카

항(亢) 처녀자리 (κ Vir)

저(氐) 천칭자리 (α Lib) 주벤엘게누비

방(房) 전갈자리 (π Sco)

심(心) 전갈자리 (σ Sco) 알니야트

미(尾) 전갈자리 (μ Sco)

기(箕) 궁수자리 (γ Sgr) 알나시

북방 현무

두(斗) 궁수자리 (φ Sgr)
우(牛) 염소자리 (β Cap) 다비흐
여(女) 물병자리 (ε Aqr) 알발리
허(虛) 물병자리 (β Aqr) 사달수드
위(危) 물병자리 (α Aqr) 사달멜릭
실(室) 페가수스자리 (α Peg) 마르카브
벽(壁) 페가수스자리 (γ Peg) 알게니브

서방 백호

규(奎) 안드로메다자리 (η And)
루(婁) 양자리 (β Ari) 셰라탄
위(胃) 양자리 (35 Ari)
묘(昴) 황소자리 (17 Tau) 엘렉트라
필(畢) 황소자리 (ε Tau) 아인
자(觜) 오리온자리 (λ Ori) 메이사
삼(參) 오리온자리 (ζ Ori) 알니탁

남방 주작

정(井) 쌍둥이자리 (μ Gem)
귀(鬼) 게자리 (β Cnc) 알타흐

류(柳) 바다뱀자리 (δ Hya)
성(星) 바다뱀자리 (α Hya) 알파드
장(張) 바다뱀자리 (ν Hya)
익(翼) 술잔자리 (α Crt) 알케스
진(軫) 까마귀자리 (γ Crv) 기에나흐

고조선의 유물인 청동거울에는 고대 문자로 28수(宿)의 형태와 명칭이 새겨져 있으며, 《삼국지연의》에서 제갈량이 북서풍을 동남풍으로 바꾸는 기원과 관련하여 28수가 언급되었습니다.

조선 시대에는 28수의 신수가 그려진 좌독기(坐纛旗)에 드림이라는 좁고 긴 띠를 군기로 사용한 기록이 있고, 중국에서도 28수의 각 신수가 그려진 군기(軍旗)를 사용했습니다.

특히 조선 시대에 3원(垣) 28수(宿)의 체계에 따라 그려진 정교한 별자리가 '천상열차분야지도(天象列次分野之圖)'라는 천문도에 나타나 있습니다.

이는 별자리를 돌에 새겨 놓은 천문도이며 10,000원권 지폐 뒷면에 28수(宿)와 북두칠성이 그려져 있습니다.

이러한 규칙을 가지고 있는 윷판은 돌에 원형으로 새겨져 있습니다.

그런데, 우리들이 가지고 노는 윷판은 사각형으로 되어 있는 것들이 많습니다.

여기서 우리는 마니산 꼭대기에 있는 강화 참성단을 보아야 합니다.

천원지방(天圓地方)의 사상에 따라 만들어진 참성단은 밑 부분은 원형이고 위는 사각형입니다.

상단이 네모지고 하단이 둥근 상방하원(上方下圓)의 형태를 가지고 있습니다.

하늘이 밑에 있고 땅이 위에 있는 원칙과는 반대가 되는 형상입니다.

왜?

참성단은 밑이 원이고 위가 사각형으로 만들어져 있었을까요?

그것은 그렇게 이루어져 있어야 하는 이유가 있기 때문입니다.

우리는 하늘의 별을 따라 만들어진 윷놀이판이 둥글다는 것을 압니다.

그러나 우리는 그것을 네모난 윷놀이판으로 만들어 사용하는 경우가 많습니다.

단군께서는 제사를 지내실 때 둥근 하늘인 곳에서 18계단을(29, 윷판의 둥근 지점의 수) 통해 올라가서 네모난 땅으로 올라가셨습니다.

제단의 위치에는 향을 피우는 향로가 있으며, 그곳은 지혜를 상징하는 불을 피우는 곳입니다.

우리 선조께서는 둥근 원형을 가진 하늘의 별자리를 땅에 맞추어 넣기 위해서 그 계단을 올라가서 하늘에 제사를 지내고 현재의 사각형의 윷판을 만드신 겁니다.

지혜를 통해서 둥근 원을 가진 하늘의 별자리를 네모난 사각형으로 이루어진 땅을 만드는 것입니다.

그리고 그것이 중요합니다.

조선 전기 참성단의 규모는 높이 10척(약 3.1m), 제단의 4면이 각 6척 6촌(약 2m)이었다고 합니다.

10척은 일적십거(一積十鉅)라는 단어와 일치하고 있습니다.

돌덩이 하나하나를 쌓아서 십을 만든 것입니다.

참성단 꼭대기에 올라가서 1척 간격으로 원을 그려 봅시다.

6척 6촌은 1척 간격으로 윷놀이판의 둥근 점이 들어가기에 딱 좋은 크기이죠.

윷놀이판을 만들기 좋은 위치가 되는 것입니다.

그럼, 왜 윷놀이판을 그곳에서 사각형으로 만들어야 했을까요?

그것이 가장 중요한 요점입니다.

그것을 알아야 비로소 천부경의 열쇠를 확보하기 때문입니다.

천부경의 내용 중에 이런 구절이 있습니다.

궤인팔일(匱人八一) 사람이 팔십일자를 상자에 넣어둔다.

그런 구절처럼 천부경 81자를 틀에 맞춰서 규칙을 만들어서 사람들에게 전하였습니다.

그런 천부경을 해석하기 위해서는 하늘에 있는 천원 형태의 원형의 28수가 변해서, 지방이라고 해서 땅에 있는 사각형의 틀로 변할 필요가 있었기 때문입니다.

이처럼 천방지원의 규칙을 이용해서 참성단을 지었고, 이를 사람들에게 알리어 암석에 새겨져 있던 별자리를 사각형의 윷놀이판으로 바꾸는 방법을 알려 주었던 것입니다.

9
천부경 첫 번째 잠금 풀이

천부경(묘향산 본)

一	始	無	始	一	析	三	極	無
盡	本	天	一	一	地	一	二	人
一	三	一	積	十	鉅	無	匱	化
三	天	二	㉛	㉓	㉓	㉓	人	㉓
三	大	三	㉛	㉓	生	七	㉘	㉙
運	三	四	㉛	環	㉕	㉗	一	㉙
衍	萬	往	㉛	來	㉕	㉕	不	㉕
本	本	成	㉛	㉓	陽	昻	㉙	㉘
中	天	地	㉛	㉛	㉓	無	㉓	㉛

윷놀이의 기본은 오른쪽 아래에서 시작합니다.

그리고 그 시작하는 지점에는 일(一)이라는 숫자가 있습니다.

이제 시작점을 찾았으니 윷놀이의 말이 움직이는 방향으로 올라갑니다.

일인동 묘구이(一人動 妙九二)라는 글자가 만들어지고 있습니다.

일인동이라고 했으니 한 사람이 움직이는 것을 말합니다.

그런데, 묘구이는 구에서 이가 작다는 뜻이 있습니다.

사람이 움직이는 것은 행동하는 것을 말합니다.

사람이 7일 이상 일하면 몸에 무리가 갑니다.

그것은 천부경을 해석하다 보면 나오는 말이기도 합니다.

이제 다음으로 가야 할 길은 동지 말길입니다.

가장 빠른 길이죠.

이팔 칠변 명일(二八 七變 明一)이라는 글자가 나옵니다.

二八은 28수를 의미합니다.

[28수의 유래는 아래와 같습니다.

28에서 수는 '머문다, 잔다'는 뜻입니다.

한자로는 '잘 숙(宿)'이라고 하는데 별이 잠자듯이 머무르는 것을 말합니다.

한자로는 '나그네 여, 사람 인, 잘 숙'의 세 글자를 씁니다.

그런데 왜 숙이라 하지 않고 수라고 할까요?

해와 별자리는 '그곳에서 잔다'는 뜻도 있습니다.

그렇지만 그냥 잔다는 뜻보다는 '그곳을 지킨다'는 뜻이 더 많이 쓰입니다.

하늘을 28개의 영역으로 나누어서 각기 나누어
다스리고 지킨다는 뜻이므로 '지킬 수(守)' 자의 뜻을 강조해서 '수'라고 합니다.

28수는 대체로 2,500년 전인 주(周)나라에서부터 써왔다고 합니다.

이것도 현재까지 알려진 추측입니다.

달은 27.3일을 주기로 하여 백도를 1주 합니다.

달이 하루에 한 수씩 동쪽으로 옮겨가는 것이라고 보고 28수를 정해 놓은 것 같기도 하고 토성의 태양에 대한 공전주기에 관련시킨 것이라고 보기도 합니다.

토성은 진성(塡星)이라고 불렀는데, 《사기(史記)》 천관서(天官書)에 보면 '世塡一宿 二十八歲周天'이라고 적혀 있는 것으로 보아 28과 관계가 있는 듯하기도 합니다.

그러나 토성의 실제의 공전주기는 29.5년이므로 1.5년의 차가 있습니다.

28개의 성수는 황도 부근을 같은 각도로 등분한 것은 아니고, 황도 부근의 특별한 별들을 목표로 하여 정한 별자리입니다.

과거에는 달과 성수(星宿)를 보고 계절을 판별한 듯합니다.

달의 공전주기는 27.3일입니다.
지구와 달 태양의 위치 변화는 달의 삭망주기를 만들고 있습니다.

그런 달의 삭망주기는 29.5일입니다.]

28일을 7로 나누어 그 하나를 일주일이라고 합니다.

동지 다음은 춘분 말길로 가게 됩니다.

이팔 칠용 태일(二八 七用 太一)이라는 글자가 완성됩니다.

28일은 7을 이용해서 큰 하나를 만드는 것이니 한 달입니다.

그다음 이어지는 길로 갑니다.

일일종 무종일(一一終無終一)이라는 글자가 있습니다.

한 달이 끝났지만 그것이 끝이 아닙니다.

태양력에서는 한 달이 28일이 넘는다는 것은 다 아실 겁니다.

집에 있는 달력만 살펴봐도 그것을 확인하기 쉽습니다.

다음 구절에서 그것을 설명합니다.

자, 다음은 하지 말길로 갑니다.

이인삼 이지삼(二人三二地三)이라는 글자가 만들어집니다.

천부경을 해석하다 보면 나오는 숫자가 있습니다.
사람의 숫자는 3입니다.

땅의 숫자는 2입니다.

달의 공전주기는 소수점을 올려서 28일입니다.
그런데, 태양과 달의 영향을 받아서 28일에 날짜를 더하게 됩니다.

한 달에 사람과 사람 사이의 만남으로 인해서 추가로 들어가는 달이 3번 있고, 땅과 땅이 만나서 변화를 일으키는 달이 3번 있다고 합니다.

땅이 변화하는 달은 28일에 2일을 더하는 것이니 30일이 됩니다.

땅의 숫자가 들어가는 달이 세 번 있으니 여섯이 됩니다.

고로 30일을 한 달로 표현하는 달이 6달이 됩니다.

사람이 들어가는 달은 사람의 숫자 3일을 28일에 더해서 31일이 되는 것입니다.

사람의 숫자가 들어가는 달이 이인이 세 번 있으니 여섯 달이 됩니다.

따라서, 31일인 달이 6번이 있습니다.

모든 숫자를 합치면 366일이 나옵니다.

태양력의 365일보다 하루가 길게 이어집니다.

지구의 공전주기는 1년의 길이로 평균 365.2422일로 하루가 6시간 정도가 더 길게 이어집니다.

삼합성 만본일(三合成 萬本一)이라는 글자가 생기네요.

칠을 합쳐 일주일을 만들고, 28을 합쳐 한 달을 만들고, 365일을 합쳐 일 년을 만드니 그 셋으로 만든 만물은 본래 하나입니다.

일주일, 한 달, 일 년이라는 셋을 만드니 그것은 만물의 근본인 하나입니다.

일일종 무종일(一一終無終一)이 나옵니다.

366일의 마지막 날은 마지막이 아닌 새로운 시작하는 날입니다.

일 년이 끝나는 날은 6시간 정도의 시차가 있고, 그것은 새해로 넘어가는 시간입니다.

고로 마지막 날은 하루를 다음 해로 넘기게 되어서 365일을 맞춥니다.

이제 추분 말길로 갑니다.

이인삼 이지삼(二人三 二地三)은 설명했으니 넘어갑니다.

삼육오 변 명일(三六五 變 明一)이라는 숫자가 보입니다.

삼백육십오 일이 변해서 1년이라고 말합니다.

극야 현상이라는 것이 있습니다.

위도 66.55° 이상인 지역에서 겨울 동안 어두워지는 현상을 말합니다.

흑야라고 하지 않고 극야라고 하는 이유는 극지방(polar)에서 발생하기 때문입니다.

위도 84.55° 이상인 지역에서는 하루 내내 태양이 지평선(또는 수평선) 위로 뜨지 않아, 하루 내내 밤이 지속되는 경우가 있습니다.

만약, 천문박명으로 인한 극야 현상까지 포함한다면, 극점에서는 추분에서 춘분까지 극야 현상이 일어납니다.

러시아, 캐나다, 미국의 알래스카, 핀란드, 노르웨이, 아이슬란드, 스웨덴이 여기에 해당이 됩니다.

극야 지역에서는 때로는 오전 10시에도 새벽처럼 듬성듬성하며 오후 1시가 되면 태양은 떠오르지 않은 대신 아침같이 잠시 밝아지다가 오후 3시가 되면 저녁때처럼 점점 어두워집니다.

즉, 극야는 오전 11시부터 새벽처럼 점점 날이 새다가 오후 3시까지는 밝고, 오후 3시 이후부터 오전 11시 이전까지는 어둡습니다.

또한, 위도 66.55°인 지역에서는 시민박명으로 인한 극야 현상만 일어납니다.
그리고 그 날짜는 동지 때입니다.

상용박명(常用薄明) 또는 시민박명(市民薄明)은 태양이 지평선(또는 수평선) 바로 아래와 고도 -6° 사이에 위치할 때의 박명입니다.

박명(薄明, Twilight)은 해가 뜨기 전이나 해가 진 후에도 햇빛이 옅게 보이는 것을 말합니다.

일상적인 한국어로는 아침 박명을 여명(黎明), 저녁 박명을 황혼(黃昏)이라고 부릅니다.

일출 전 시민박명은 태양의 중심점이 지평선(또는 수평선) 아래 6°에 위치할 때부터 일출 직전까지이며, 일몰 후 시민박명은 일몰 직후부터 태양의 중심점이 지평선(또는 수평선) 아래 6°에 위치할 때까지입니다.

대한민국의 서울에서는 약 30분가량 지속이 됩니다.

이 시기에는 육안으로도 사물을 구분할 수 있으며, 하늘에는 금성이 보입니다.

조명 없이도 일상적인 야외 활동이 가능합니다.

그리고 위도가 높은 지역으로 올라갈수록, 이 현상이 일어나는 기간이 점점 길어집니다.

그리고, 하지에 태양이 떠 있는 시간이 15시간이 조금 안 됩니다.

강화 참성단의 크기가 6척 6촌이고, 아래의 너비가 15척이었습니다.

지금 이것을 설명하는 이유는 일 년에서 인의 날 6일이 있다는 것을 설명하기 위해서입니다.

한 달 30일 12개월은 360일입니다.

그리고, 인의 날이 6일이 있습니다.

사람의 날이 무엇인지는 단군신화에 나와 있습니다.
하나는, 곡식입니다.

둘은, 수명입니다.

셋은, 질병입니다.

넷은, 형벌입니다.

다섯은, 선악입니다.

마지막 여섯은 인간의 삼백육십여 가지 일을 주관하여 세상을 다스리고 교화하는 것입니다.

360일에 5일을 더하면 365일이 됩니다.

그리고, 마지막 하루는 새로운 한 해를 의미합니다.

더 이상의 설명을 할 필요는 없을 것 같군요.

이렇게 해서 한 해를 윷판으로 설명하는 것이 첫 번째입니다.

태양을 기준으로 한 해를 설명하는 태양력이 만들어지는 과정입니다.

달력과의 차이로 인한 매년 다르게 흐르는 한 해가 틀린 흐름을 방지하기 위해서이며, 사람들이 한 해 농사를 망치지 않도록 널리 알리기 위해서, 우리 조상들께서는 만인이 알기 쉽도록 이렇게 윷놀이라는 게임을 만들어 모두에게 알린 것입니다.

10
천부삼인 두 번째 열쇠

두 번째 열쇠는 윷입니다.

청동검이나, 자, 척 등 여러 가지 추측들을 가지고 있는 것이죠.

윷은 과거 점을 치는 도구이기도 했습니다.

그것을 윷점이라고 말합니다.

윷점 (윷占)

정초에 윷을 가지고 그 해의 운수를 판단하는 점법.

내용 요약

윷점은 정초에 윷을 가지고 그해의 운수를 판단하는 점법이다.

윷점에는 집단으로 농사의 풍흉을 점치는 점 외에 개인 운수를 점치는 것이 있다.

개인의 운수는 윷을 세 번 던져서 나오는 말로 쾌를 얻고 그 괘의 점사로 길흉을 판단한다.

윷말은 도·개·걸·윷·모인데 점괘에서 도는 1, 개는 2, 걸은 3, 윷·모는 4이다.

세 번 던진 것이 '도·도·도'면 111인데 이 점사는 '아이가 인자한 어머니를 만난다'이다.

이는 어머니의 사랑을 받을 수 있는 길괘이다.

이런 식으로 111괘에서 444괘까지 64개의 점괘가 있다.

내용

'사점(柶占)'이라고도 한다.

윷점에는 두 가지 종류가 있다.

하나는 집단으로 편을 갈라 윷놀이를 하여 그 승부로써 그해 농사의 풍흉을 점치는 것이다.

이것은 옛날에 농촌에서 여러 가지로 농사 점을 하던 점년법(占年法)의 하나였다.

다른 하나는 이와 달리 일반적인 오락으로서 윷을 던져서 나오는 말로 개인의 운수를 점치는 것이다.

그 방법은 윷을 세 번 던져 괘를 얻는다.

첫 번째 던져 나오는 말을 상괘로, 두 번째 던져 나오는 말을 중괘로, 세 번째 던져 나오는 말을 하괘로 삼아 모두 64괘로 되어 있는 괘를 찾아 점사(占辭)주 1를 읽어 길흉을 판단한다.

윷말은 도·개·걸·윷·모이나 윷과 모는 같은 괘로 쳐서 네 말로 괘를 삼게 된다.

점괘를 얻을 때에 도·개·걸·윷·모로 하지 않고, 편의상 도는 1, 개는 2, 걸은 3, 윷과 모는 4로 대신하기도 한다.

가령, 첫 번째에 '도', 두 번째에 '도', 세 번째에 '도'가 나왔다고 하면, 이 '도·도·도'는 건괘(乾卦)로 111의 점괘를 얻게 되며, 이때의 점사는 '아이가 인자한 어머니를 만난다(兒見慈母).'는 내용이다.
아이가 어머니를 만난다는 것은 어머니의 사랑을 받을 수 있어 행복한 것이니 길괘(吉卦)주 2이다.

또, '도·도·개'가 나오면 112(履卦)의 점괘로 이때의 점사는 '쥐가 창고에 들어간다(鼠入倉中).'이니 역시 길괘이다.
쥐가 창고에 들어가면 먹을 것이 많으니 근심걱정 없이 풍족하게 생활할 수가 있는 것이다.

반면에 '도·모·도'가 나오면 141(大過卦)의 점사로 '나무에 뿌리가 없다(樹木無根).' 이니 뿌리 없는 나무는 말라 죽을 것이니 흉괘(凶卦)주 3이다.

이러한 윷점의 방법은 간단하여 부녀자들이나 아이들 사이에서도 널리 행해지기도 한다. 111괘에서 444괘까지의 64개의 점괘는 다음과 같다.

111 어린아이가 인자한 어머니를 만난다(兒見慈母).

112 쥐가 곳간에 든다(鼠入倉中).

113 어두운 밤에 촛불을 얻는다(昏夜得燭).

114 파리가 봄을 만난다(蒼蠅遇春).

121 큰물이 거슬러 흐른다(大水逆流).

122 죄 중에 공을 세운다(罪中立功).

123 나비가 등불을 친다(飛蛾撲燈).

124 쇠가 불을 만난다(金鐵遇火).

131 학이 날개를 잃는다(鶴失羽翼).

132 굶주린 자가 먹을 것을 얻는다(飢者得食).

133 용이 큰 바다에 들어간다(龍入大海).

134 거북이 대밭에 들어간다(龜入筍中).

141 나무에 뿌리가 없다(樹木無根).

142 죽은 자가 다시 살아난다(死者復生).

143 추운 자가 옷을 얻는다(寒者得衣).

144 가난한 자가 보배를 얻는다(貧者得寶).

211 해가 구름 속에 들어간다(日入雲中).

212 장마철 하늘에 해를 본다(霖天見日).

213 활이 화살을 잃는다(弓失羽箭).

214 새에 날개가 없다(鳥無羽翰).

221 약한 말에 짐이 무겁다(弱馬駄重).

222 학이 하늘에 오른다(鶴登于天).

223 주린 매가 고기를 얻는다(飢鷹得肉).

224 수레에 두 바퀴가 없다(車無兩輪).

231 갓난 아이가 젖을 얻는다(嬰兒得乳).

232 중한 병에 약을 얻는다(重病得藥).

233 나비가 꽃을 얻는다(蝴蝶得花).

234 활이 살을 얻는다(弓得羽箭).

241 드문 손님을 절하여 만난다(拜見疎賓).

242 강고기가 물을 잃는다(河魚失水).

243 물 위에 무늬가 생긴다(水上生紋).

244 용이 여의주를 얻는다(龍得如意).

311 큰 고기가 물에 들어간다(大魚入水).

312 염천에 부채를 선물한다(炎天贈扇).

313 매에 발톱이 없다(鷙鷹無爪).

314 강 속에 구슬을 던진다(擲珠江中).

321 용 머리에 뿔이 난다(龍頭生角).

322 가난한 데다 천하기까지 하다(貧而且賤).

323 가난한 선비가 녹을 얻는다(貧士得祿).

324 고양이가 쥐를 얻는다(貓兒得鼠).

331 고기가 변하여 용이 된다(魚變成龍).

332 소가 꼴과 콩을 얻는다(牛得蒭荳).

333 나무 꽃에 열매가 열린다(樹花成實).

334 중이 속인으로 돌아온다(沙門還俗).

341 나그네가 집을 생각한다(行人思家).

342 말에 채찍이 없다(馬無鞭策).

343 행인이 길을 얻는다(行人得路).

344 해가 풀이슬을 비춘다(日照草露).

411 부모가 아들을 얻는다(父母得子).

412 공은 있으나 상이 없다(有功無賞).

413 용이 깊은 못에 들어간다(龍入深淵).

414 소경이 곧바로 문에 들어간다(盲人直門).

421 어두움 속에서 불을 본다(暗中見火).

422 사람이 손과 팔이 없다(人無手臂).

423 대인을 봄이 이롭다(利見大人).

424 각궁에 시위가 없다(角弓無弦).

431 귓가에 바람이 인다(耳邊生風).

432 어린아이가 보배를 얻는다(穉兒得寶).

433 사람을 얻었다가 다시 잃는다(得人還失).

434 어지럽고 또한 불길하다(亂而不吉).

441 생긴 일이 망연하다(生事茫然).

442 고기가 낚싯바늘을 삼킨다(魚呑釣鉤).

443 나는 새가 사람을 만난다(飛鳥遇人).

444 형이 아우를 얻는다(哥哥得弟).

참고문헌

《경도잡지(京都雜志)》

《조선상식》(최남선, 국문사, 1953)
《한국세시풍속》(임동권, 서문당, 1976)
《한국의 세시풍속》(장주근, 형설출판사, 1984)

집필자 임동권
[출처: 윷점 - 한국민족문화대백과사전]

오행 중 풍성(저는 금성을 풍성이라고 합니다.)의 공전 주기가 243일입니다.

윷은 하늘과(둥근 면) 땅(네모난 면)인 앞면과 뒷면이 있고, 동, 서, 남, 북 사방을 뜻하는 네 개의 막대로 이루어져 있습니다.

그리고, 거기에 재질을 나무로 만들어서 오환을 이룹니다.

거기에 그것을 세 번 던져서 윷점을 칩니다.

양면인 2와 사방을 뜻하는 4와 세 번을 던지는 3을 이루어 점을 칩니다.

이것 역시 풍성의 규칙을 따랐다고 봅니다.

윷놀이를 할 때에는 하늘을 표현하는 둥근 면과 땅을 표현하는 네모난 면이 운세를 결정합니다.

네 개의 윷이 각기 동, 서, 남, 북 사방을 형상하고 천지인 앞면과 뒷면이 움직여서 한 해의 운세를 결정하는 것입니다.

11
천부경 두 번째 잠금 풀이

천부경(묘향산 본)

一始無始一析三極無

盡本天一一地一二人

一三一積十鉅無匱化

三天二三地二三人二

三大三合六生七八九

運三四成環五七一妙

衍萬往萬來用變不動

本本心本太陽昂明人

中天地一一終無終一

그렇다면 이제 풀이를 해 보겠습니다.

형식은 2, 4, 3입니다.

읽는 형식이 2, 4, 3인 이유는 아래와 같습니다.

윷의 위와 아래는(혹은 앞과 뒤) 위는 둥글고 아래는 네모난 형식으로 천원지방의 의미를 가지고 있습니다.

그러므로 윷 한 가락은 2를 의미합니다.

그다음 윷의 개수는 동, 서, 남, 북 사방을 표시하니 그 숫자가 4입니다.

마지막으로 윷점을 칠 때 3번 던진다는 것을 앞에 설명드렸습니다.

그것을 합치니 숫자가 2, 4, 3이 되는 것입니다.

그리고, 이번에는 우측 위에서 아래로 내려오는 방식으로 해석을 합니다.

과거의 선조들이 글을 쓰던 방식은 오늘날과 달랐습니다.

세로쓰기가 주를 이루었습니다.

옛날 동아시아에서는 글을 써서 두루마리로 보관했는데 두루마리를 왼손으로 들고 오른손으로 펼치므로 반대로 적는 것이 펼치면서 읽는 데 사용하기가 편했습니다.

중국과 우리나라의 오랜 서적을 보더라도 오른쪽에서 글을 읽어오고 있습니다.

이로 인해 오른쪽에서 왼쪽으로 쓰게 되면서 현판도 거꾸로 쓰고 읽습니다.

이후 가로쓰기는 왼쪽에서 오른쪽으로 쓰고 읽는 것으로 바뀌었습니다만 아직까지도 세로쓰기는 오른쪽에서 왼쪽으로 쓰고 읽습니다.

세로쓰기를 할 때, 오른쪽에서 왼쪽으로 줄을 바꿔 가며 쓰는 방식은 우종서(右縱書), 반대로 왼쪽에서 오른쪽으로 줄을 바꿔 가며 쓰는 방식은 좌종서(左縱書)라고 합니다.

명칭의 '좌'와 '우'를 헷갈려 할 수 있는데 시작하는 쪽을 기준으로 이름을 붙입니다.

원래 한국어에서 세로쓰기는 우종서로 쓰는 것이 맞는데, 한국어에서 세로쓰기가 더 이상 보편적으로 사용되지 않는 관계로 세로쓰기 규정이 통으로 없어졌기 때문에 지금에 와서 원칙적으로 어떤 게 맞느냐에 관한 언쟁은 무의미하다고 봐도 되겠습니다.

물론 가로쓰기가 보편화되었고 세로쓰기는 잘 사용되지 않기 때문에 세로쓰기 규정을 없애고 굳이 세로쓰기용 부호를 따로 정하지 않기로 한 것이지, 세로쓰기나 세로쓰기용 부호의 사용을 막는 것은 당연히 아닙니다.

또한, 국립국어원에 따르면 세로쓰기 부호에 대해 기존의 규정을 준용하여 사용하는 것이 바람직하다고 하였으니, 우종서와 좌종서에도 기존의 규정에 맞는 우종서를 쓰는 것이 더 바람직할 것입니다.

과거 한국에서는 세로쓰기를 했으며, 전부 우종서였습니다.

가로쓰기를 하는 경우는 세로쓰기의 각 줄에 한 글자씩 들어가는 특별한 경우뿐이었고, 이 경우에도 세로쓰기의 순서를 따르다 보니 오른쪽에서 왼쪽으로 읽어 가는 우횡서(右橫書)였습니다.

사찰 등 오래된 건물의 현판 등을 보면 우횡서를 쉽게 발견할 수 있습니다.

즉 근대 이전의 우횡서는 엄밀히 말하면 가로쓰기가 아니라 각 줄이 한 글자씩으로 된 세로쓰기입니다.

쉽게 말해서, 광화문의 현판(門化光)은, "문화광"이 아니라, "광화문"이라 읽어야 합니다.

'옛날엔 오른쪽부터 읽고 썼다'는 것을 이해해야만, "광화문"이라 읽을 수 있습니다.

그러나 대한민국은 광복 이후로 미국의 문물을 받아들이면서 세로쓰기는 점차 사라져 갔으며, 21세기 현재에는 특별한 이유가 있지 않은 이상 가로쓰기로 쓰는 것이 일상화되어 있습니다.

신문·잡지의 경우 1990년대 이전에는 대부분의 신문이 우종서 세로쓰기였으며 1999년까지는 세로쓰기 신문·잡지가 있었습니다.

한겨레신문이 신문 최초로 가로쓰기를 도입하였으며, 1999년 조선일보와 세계일보를 마지막으로 2000년대 이후에는 모든 신문이 가로쓰기를 하고 있습니다.

위와 같이 과거에는 우측에서부터 읽는 방식을 많이 쓰고 있었습니다.

원래는 천부경을 해석하기 위해서 우측에서 시작해서 읽어야 한다는 것을 보여 주어야 하는 것입니다.

현재 우리나라에서는 좌측에서 시작해서 읽는 것이 평상시의 일이라 신경을 쓰지 않고 있는 일이기도 합니다.

하지만 당시의 기준으로 보았을 때에는 우측 위에서 읽어 내려오는 것이 타당하다고 봅니다.

그럼, 해석을 시작해 보겠습니다.

無人
무 인　　사람이 없는(모르는) 이유는

化二九妙
화 이 구 묘　29가 작게 변하는 것을 모르기 때문이다.
　　　　　　(윷판은 29개이나 해석은 천부경의 28개 글자에서 함.)

動人一
동 인 일　29에서 모자라는 하나는 움직이는 사람이 하나이다.

極二
극 이　　끝이 둘이 되는 것은
　　　　　(사람이 없는 것 삼에서 하나가 빠짐.)

匱人八一
궤 인 팔 일　사람이 팔십일자를(천부경, 진리)
　　　　　　 상자에 넣어두기 때문이다.

不明終
불 명 종　그렇기에 밝음의 끝을 알 수 없다.

三一
삼 일　　　셋이 하나가 되기 위함은

無三七七
무 삼 칠 칠　　삼칠에는(21) 없기에 칠에 사람이 더해지는 것이
　　　　　　(한 달에서 나머지 한 주는 칠 일이 넘는다.)

變昻無
변 앙 무　　바라보는 것이 변하는 일이 없어야 한다.

析地
석 지　　땅을 나누듯이

鉅二生五
거 이 생 오　　큰 둘을 반으로 나누니 삶이 오행을 따른다.
　　　　　　(두 개의 나무를 둘로 나눈다. 옻 완성)

用陽終
용 양 종　　밝음을 사용하여 마무리한다.
　　　　　　(밝은 낮에 일한다.)

一一
일 일　　둘이 대결하는 것이

十地六環
십 지 육 환　　땅 위에(지구) 있는 육을 돌아 움직이는 것으로
　　　　　　　　(윷놀이판의 6칸, 원형의 별자리)

來太一
래 태 일　　비로소 큰 하나가 온다.(사람, 승리)

始一
시 일　　시작하는 하나는(사람)

積三合成
적 삼 합 성　　삼합을 합쳐서 쌓는다.(별)

萬本一
만 본 일　　만물은 본래 하나이다.

無天
무 천　　하늘이 없는(도와주지 않는) 것은

一二三四
일 이 삼 사　　일이삼사가

往心地
왕 심 지　　마음이 땅으로 오기 때문이다.

始本
시 본   시작의 근본은

三天大三
삼 천 대 삼   세 개의 하늘이 큰 삼을 이루는 것이다.

萬本天
만 본 천   만물의 근본은 하늘이다.

一盡
일 진   하나가 지치는 것은

一三三運
일 삼 삼 운   하나가 셋을 세 번 돌기 때문이다.
　　　　　　(9일을 일하는 것)

衍本中
연 본 중   근본의 중심이 욕심으로 넘치기 때문이다.

우선 여섯 방향을 말할 때 천지 사방이라고 합니다.

윷은 둥근 하늘과 네모난 땅을 표현하면서 만들어졌습니다.

거이생오라고 해서, 둥근 나무를 반으로 나누어서 네모난 면과 반원이 생기게 되는 것이고, 그것 두 개를 나누니 비로소 네 가닥의 윷이 나오고 그것이 도, 개, 걸, 윷, 모, 오환을 만들어 냅니다.

용양종은 밝을 때 일을 끝내라는 뜻입니다.

여기서 둥근 모양은 하늘입니다.

윷이 네 가락 모두 네모난 땅이 나오면 윷이 되며, 하늘인 둥근 면이 나오지 않습니다.

그렇게 되면 빠르게 가기는 하지만 뭔가 하나가 부족하게 되고, 한 칸이 모자랍니다.

그러면, 다음에 도가 나오지 않는 이상 먼 길을 돌아가게 됩니다.

삼칠에는 세 개의 삼각형이 그려지고, 그것은 춘분 말길, 추분 말길, 동지 말길입니다.

윷이 도는 방향은 세 곳이 삼각형이고 한 곳이 사각형입니다.

그리고 그 사각형은 많이 도는 곳이고, 그것은 하지 말길이며, 하지는 많이 더운 날입니다.

칠 일에 사람이나, 땅이 간섭하는 것으로 넘치는 곳입니다.

12
천부삼인 세 번째 열쇠

자, 이제 마지막 열쇠를 찾아보겠습니다.

세 번째 열쇠는 거울로 하겠습니다.

사람들은 그것을 청동거울이라고 생각했습니다.

청동거울이 중요한 이유는 천부경을 해석하는 방법이 중요하기 때문입니다.

당시의 기준에서 시작하는 곳은 우측이 상식이었기에 그것과 다르게 좌측에서 시작하는 것을 사람들에게 알려줄 필요가 있었던 것입니다.

그렇기에 천부경을 해석하기 위해서는 우측이 아닌 좌측에서부터 읽어야 할 필요가 있었고 그것을 설명하기 위해서 거울을 이용해서 당시의 사람들에게 알려 주었습니다.

여기서 풍성(저는 금성을 풍성이라고 합니다.)에 대해서 알아볼 필요가 있습니다.

풍성은 대부분의 행성들과는 반대로 자전을 하고 있습니다.

즉, 지구의 북극에서 바라볼 때 시계 방향으로 자전을 하는 것입니다.

풍성 이외 대부분의 행성에서는 태양이 동에서 떠서 서로 지지만, 풍성에서는 서에서 떠서 동으로 집니다.

풍성의 자전이 왜 역방향인지는 알 수 없으나, 태양과 다른 행성들의 중력 섭동이 큰 영향을 준 것으로 추측되고 있습니다.

태양과 행성들로부터 섭동을 받은 풍성은 자전축이 크게 변하게 됩니다.

그리고 두꺼운 대기 또한 조석력에 의해 풍성의 자전에 영향을 미치게 되고, 이를 시뮬레이션에 대입하면 현재와 같이 풍성의 자전 속도는 느려지고 역회전을 하게 됩니다.

이런 최종적인 결과의 과정은 두 가지로 추측됩니다.

한 가지는 자전축이 180°로 뒤집혀 역회전을 하는 것이고, 다른 하나는 기울기의 변화 없이 자전 속도가 느려지고 결국 조석에 의하여 느린 역회전을 하게 된 것입니다.

풍성의 궤도는 다른 행성들의 궤도에 비하여 가장 원에 가깝습니다.

그리고 공전 주기는 지구보다 140여 일 적은 약 225일이며, 레이 더 관측에 의해 알아낸 풍성의 자전주기는 약 243일입니다.

공전주기와 자전주기가 비슷하여, 풍성에서의 하루는 지구의 시간으로 117일이 됩니다.

궤도 경사(軌道 傾斜, 영어: Orbital inclination)는 궤도의 모양과 방향을 설명하는 여섯 개의 궤도 요소 중 하나로, 궤도가 중심 천체에 대하여 기울어진 정도를 말하며, 기준면과 궤도면 사이의 각도, 또는 기준면과 자전축 사이의 각도로 정의됩니다.

궤도 경사는 일반적으로 도 단위로 표시됩니다.

풍성의 궤도 경사(i)는 3.394 71°입니다.

강화도 참성단을 보면 아래가 둥글고 위가 모납니다.

그리고, 모난 곳이 있는 곳이 해가 뜨는 동쪽이나 북극성이 있는 북쪽이 아닙니다.

서북쪽으로 기울어져서 만들어져 있습니다.

지방의 기준이 풍성을 향해 배치되어 있다는 것입니다.

윷점에서 보듯이 풍성은 길흉화복을 점지하는 별이기도 합니다.

13
천부경 세 번째 잠금 풀이

천부경(묘향산 본)

一始無始一析三極無

盡本天一一地一二人

一三一積十鉅無匱化

三天二三地二三人二

三大三合六生七八九

運三四成環五七一妙

衍萬往萬來用變不動

本本心本太陽昂明人

中天地一一終無終一

여기서는 거울을 바라보는 것처럼 좌측에서부터 글을 읽기 시작합니다.

그러나 한자는 어디를 끊어 읽는가에 따라서 그 뜻이 완전히 달라집니다.

그렇기에 그것을 어떻게 어디에서 읽는지를 정리하는지가 중요합니다.

그것을 알기 위해서는 왜 거울이 필요했는지를 아는 것이 중요합니다.

오행 중 풍성(저는 금성을 풍성이라고 합니다.)만이 자전하는 방향이 지구와 다릅니다.

그리고 그런 풍성을 기준으로 읽기 위해서 주어진 것이 거울이기도 합니다.

풍성의 기울기는 33.9도입니다.

오행과 33.9가 바로 두 번째 열쇠를 풀기 위해서 주어진 것입니다.

그럼 그 규칙대로 읽어나가 보겠습니다.

一始無始一
일 시 무 시 일 세상의 시작은 시작했으나
그 시작을 아무도 모른다.

析三極
석 삼 극 세 개의 끝을 나눈다.
(지구는 세 번째 행성입니다.)

無盡本
무 진 본 그것은 나누어도
근본은 다하지 않는다.

天一一 地一二 人一三
천 일 일 지 일 이 인 일 삼 천은 하나요.
땅은 둘이요.
인은 삼이다.

一積十鉅無
일 적 십 거 무 하나를 쌓아 열을 만드니
(十은 땅의 지표이기도 합니다.)
그 크기가 무한하다.

匱化三
궤 화 삼 그 무한한 삼을 궤로 만들어
형태를 만든다.

天二三
천 이 삼

하늘이 육을 만든다.

地二三 人二三 大三合
지 이 삼 인 이 삼 대 삼 합

땅이 둘을 합쳐
(지구와 달) 삼을 만들고
사람이 둘이 어우러져
가족을 만드니
그것이 대삼합(지구)이다.

六生七八九
육 생 칠 팔 구

육 일을 생업에 종사하면
칠성을 이루고 팔자와 천명을 얻는다.

運三四
운 삼 사

삼각형이 세 번 사각형이 한 번 도니
(윷놀이판 참고, 사계절)

成環五
성 환 오

오환을 만들어 낸다.
(흑백적청황-만물-도개걸윷모)

七一妙 衍萬往 萬來用
칠 일 묘 만 왕 만 만 래 용

칠 일에서 하루는 쉬어야
만물이 넘치지 않고
만물을 사용할 수 있다.

不動本本心
부 동 본 본 심

근본에 있는 마음은
움직이지 않는다.

本太陽
본 태 양

본래 마음의 중심은
태양에 있다.

昂明人
앙 명 인

밝은 낮에 일하는 것이
사람의 근본이다.

中天地 一一終 無終一
중 천 지 일 일 종 무 종 일

천지 가운데 있으니
11개월은 끝이 있으나
마지막 한 달은 끝이 없다.

여기서 육 일을 일하고 칠 일은 쉰다는 말은 성경에서도 나오는 말이죠.

윷판을 보아도 6칸만이 있다는 것을 알 수 있습니다.

첫 칸은 준비를 하는 칸이고 다섯 칸은 일하는 칸이며 일곱 번째 칸은 쉬는 칸이니 윷놀이판에서는 쉬는 칸을 표시하지 않았고, 변화를 하고 방향을 바꾸는 것입니다.

그리고 그 갈라지는 칸에 멈추지 않고 넘어가게 되면 오히려 먼 길을 돌아가게 되는 것을 윷놀이판을 통해서 알 수 있습니다.

쉬지 않는다고 무조건 더 빠르게 갈 수 있는 것이 아닙니다.

14
천부경 추가 잠금 풀이

천부경(묘향산 본)

一始無始一析三極無

盡本天一一地一二人

一三一積十鉅無匱化

三天二三地二三人二

三大三合六生七八九

運三四成環五七一妙

衍萬往萬來用變不動

本本心本太陽昂明人

中天地一一終無終一

이번에는 거울과 윷을 합쳐서 추가로 풀이를 해보도록 하겠습니다.

처음에 5자를 먼저 읽는 이유는 지구에서 규칙을 정하는 것이 아니기 때문입니다.

거울의 규칙은 풍성에서 왔습니다.

그것은 십지를 반으로 갈라서 5행을 만드는 것으로 시작되는 것입니다.

그래서 왼쪽에서 읽기 시작하고 윷의 규칙이면서 풍성의 공전주기이기도 한 2, 4, 3을 넣어 읽습니다.

一 始 無 始 一
일 시 무 시 일   세상의 시작은 시작했으나
                         그 시작을 모른다.

析 三
석 삼   삼을 나눈다.

極 無 盡 本
극 무 진 본   끝은 근본이 다함이 없다.

天一一
천 일 일

하늘에는 열한 개의 별이 있다.
(태양, 달, 수성, 풍성, 지구, 화성,
목성, 토성, 천왕성, 해왕성, 명왕성)

地一二人一
지 일 이 인 일

땅에 사는 12인이(十二支)
12번째 하나다.

三一
삼 일

셋은 곧 하나이다.
(태양과 달, 9개의 행성, 사람)

積十鉅無
적 십 거 무

십을 쌓아 크기가 무한하다.
(사람은 가족을 이루어)

匱化三
궤 화 삼

삼을 틀로 만든다.

天二三地二
천 이 삼 지 이

하늘은 이삼(육)이 된
땅이 둘이다.(12개월)

三人
삼 인

삼이 사람이 된다.

二三大三
이 삼 대 삼

이삼은 육이니(별, 가족)
대삼이다.

合六生
합 육 생

합치니 육 일을 일하게 된다.

七八九運三
칠 팔 구 운 삼

칠성 팔자 구천은(운명)
세 번을 돌리면 나온다.(윷점)

四成
사 성

넷이 만들어 낸다.

環五七一
환 오 칠 일

오가 돌아서(도, 개, 걸, 윷, 모)
칠에서 일을 뺀 육을 돈다.

妙衍萬
묘 연 만

그래야 만물이 넘치는 일이 적다.

往萬來用變
왕 만 래 용 변 　　　　　　　　만물이 오고가니 변화를 만든다.

不動
부 동 　　　　　　　　　　　사람은 움직이지 않는다.

本本心本
본 본 심 본 　　　　　　　　근본의 근본은 마음에 있다.

太陽昻
태 양 앙 　　　　　　　　　태양을 바라본다.

明人中天地
명 인 중 천 지 　　　　　　밝음 가운데 천지가 있다.

一 一
일 일 　　　　　　　　　　열한 개의 별이 있다.

終無終 一
종 무 종 일 　　　　　　　　사람의 끝은 끝이 없는 하나다.

12인이 마지막 하나의 별이라고 말하고 있습니다.

그래서 마지막 달이 하루가 적으면서도 새해의 탄생을(새 생명, 아이) 일으키는 사람들로 인해서 새로운 한 해가 시작되는 것입니다.

15
정리

천부삼인의 첫 번째 열쇠는 윷놀이판이며 그것이 알려주는 것은 일주일, 한 달, 일 년을 나누는 것을 말합니다.

천부경의 해석을 나름 정리해 보았습니다.

일인동 묘구이(一人動 妙九二)

사람이 구 일을 주기로 움직이면 힘이 부쳐 끝에 다다르니 이 일이 작은 칠 일을 기준으로 움직여야 하며, 그중 칠 일째는 쉬어야 하니, 그것을 일주일이라 한다.

이팔 칠용 태일(二八 七用 太一)

한 달은 달이 지구를 도는 28일이나 그것은 사람의 달인 31일과 땅의 달인 30일이 일주일을 주기로 사용하니, 그것은 한 달의 끝이 끝이 아니기 때문이다.

삼육오 변명일(三六五 變明一)

365일을 일 년이라고 말한다.

삼합성 만본일(三合成 萬本一)

일주일, 한 달, 일 년이 세상을 살아가는 기본이 된다.

지 일이인 일(地 一二人 一)

땅에 사는 12인이(十二支) 12번째 하나다.

천 이삼지 이(天 二三地 二)

하늘은 이삼(육)이 된 땅이 둘이다.(12개월)

칠일묘 만왕만 만래용 (七一妙 衍萬往 萬來用)

칠 일에서 하루는 쉬어야 만물이 오는 것이 넘치지 않고 만물을 효율적으로 사용할 수 있다.